BORDER COLLIES VERSTEHEN

Carol Price

KYNOS VERLAG

Konrad-Zuse-Straße 3 · 54552 Nerdlen/Daun
Telefon: 06592/957389-0 · Telefax: 06592/957389-20
www.kynos-verlag.de

Illustrationen: Drew Marland
Titelfoto: Fotolia

Titel der englischen Originalausgabe: »Understanding the Border Collie«
Erschienen bei Broadcast Books, Bristol, 1999

Gedruckt in Lettland

5. Auflage 2012

ISBN 3-933228-76-5

Gewidmet meinem geliebten
Border Collie
Kim
1982-1998,

einem außergewöhnlichen Hund

Inhaltsverzeichnis

DANKSAGUNG

Während ich dieses Buch zusammenstelle, möchte ich mich besonders bei folgenden Menschen bedanken: Bei Tony Brenton und Colette Kase von der National Canine Defence League dafür, dass sie vom ersten Tag an ein solches Vertrauen in das Projekt hatten und für das Kontrollieren des Textes; bei Jennie Booth vom Border Collie Trust Great Britain für ihre Unterstützung und Anregungen; bei Jane Cresswell von The Border Collie Club of Great Britain sowie bei John und Mary Gascoigne vom Southern Border Collie Club - und zahllosen einzelnen Border Collie-Fans, die mich an ihren Erfahrungen mit der Rasse teilhaben ließen.

Die Danksagung wäre aber nicht komplett ohne einen Dank an meinen Collie Kim für ihre Inspiration. Sie hatte ihre Pfoten sozusagen in beinahe jedem Kapitel dazwischen! Leider konnte sie das Erscheinen des Buches nicht mehr miterleben. Da sie ein Hund war, der sowohl Leid als auch Wiedergutmachung erlebte und den größten Teil ihres Lebens ohne Liebe und Verständnis von Seiten der Menschen auskommen musste, nehme ich an, dass sie dieses Buch als passendes Erbe an die Nachwelt betrachten würde.

EINLEITUNG

Behandle mich gut, geliebter Freund, denn kein Herz auf der ganzen Welt ist dankbarer für Güte als das meine, das dich liebt.
Aus: Gebet eines Hundes (Autor unbekannt)

Wenn Sie dieses Buch lesen, haben Sie wahrscheinlich bereits einen Border Collie oder Collie-Mischling als Haustier oder denken über dessen nach. Wie so viele andere Menschen in den letzten Jahren sind Sie dem einzigartigen Charme dieser traditionellen britischen Hütehundrasse erlegen; der Intelligenz, Sportlichkeit und offensichtlich hohen Lernfähigkeit, die einen Hund mit Hüteveranlagung auszeichnet.

Seit dem Jahr 1976, als der Border Collie zum ersten Mal offiziell vom British Kennel Club (Dachverband der Hundezucht in England, Anm. d. Übers.) als Rasse anerkannt wurde, ist noch vieles andere geschehen, das zur Steigerung seiner Popularität beigetragen hat. Wegen seiner vielseitigen Talente und seines einnehmenden Äußeren ist der Border Collie heute weltweit eine ständig stärker gefragte Rasse. Border Collies sind durch Kinohits wie »Ein Schweinchen namens Babe« zu Leinwandstars geworden und Fernsehübertragungen von Schafhütewettbewerben demonstrieren ihren scharfen Verstand und ihren erstaunlichen Arbeitseifer. Es lässt sich außerdem kaum eine moderne Hundesportdisziplin wie Flyball, Obedience oder Agility denken, in der Border Collies nicht hervorstechen oder sogar das Geschehen dominieren.

Alles in allem können Border Collies den Eindruck erwecken, als seien sie ideale Familienhunde. Das Problem ist aber, dass viel zu viele Menschen in ihrem Übereifer, einen solchen Hund zu erwerben, die fundamentalen Eigenschaften seines natürlichen Wesens übersehen. Diese Hunde wurden seit Jahrhunderten dafür gezüchtet, eifrige und unermüdliche Arbeiter zu sein - was bedeutet, dass sie Ihnen kein ruhiges Leben ermöglichen werden! Sie haben stark verankerte Instinkte, die sich nicht löschen lassen, sie können sowohl körperlich als auch geistig mit einer unglaublichen Geschwindigkeit reagieren. Wenn Sie einen Border Collie erfolgreich als Ihren Haus- und Familienhund halten möchten, müssen

Sie genau wissen, worauf Sie sich einlassen. Und genau dazu wurde dieses Buch geschrieben.

Collies werden immer häufiger als »Problemhunde« gesehen, weil die Besitzer nicht mit ihnen zurechtkommen. Wie gut oder schlecht ein Border Collie als Familienhund sich macht, hängt zum großen Teil davon ab, was Sie über ihn wissen. Wenn Collies zu »Problemhunden« wurden, müssen wir uns immer fragen, warum. Vielleicht haben wir selbst teilweise mit unrealistischen Erwartungen dazu beigetragen oder weil wir weiterhin Absatzmärkte für zweifelhafte Züchter bieten, die Hunde produzieren, welche auf Grund ihrer Zucht und Aufzucht nicht so gut in der Lage sind, mit einem »zivilen« Leben zurechtzukommen.

Dieses Buch wird Ihnen die Risiken erklären, die Sie eingehen, wenn Sie Ihren Border Collie nicht von einem renommierten Züchter erwerben. Und warum bei Collies, die von weniger gewissenhaften Züchtern und aus benachteiligten Verhältnissen stammen, die Wahrscheinlichkeit für »Probleme« größer ist.

Wenn man all die Collies sieht, die heute in Rekordzahlen die Tierheime füllen - in einer großen englischen Vermittlungszentrale für Tierheimhunde machen Border Collies und deren Mischungen sogar 45,5% aller Hunde aus - dann begreift man, dass die Menschen nicht genug über diese Hunde wissen. Sie verstehen das von Natur aus leicht erregbare, energische und arbeitseifrige Wesen nicht oder wie man die Instinkte im häuslichen Umfeld kontrolliert, kanalisiert und ihnen an anderer Stelle ein Ventil gibt. Sie sind sich vielleicht nicht bewusst, wie stark ein von Natur aus so sensibler Hund durch falsche oder zu harte Behandlung psychologisch gestört werden kann. Dieses Buch wird sich mit all diesen Themen befassen.

Mit missverstanden Collies Mitleid zu haben, fällt nicht schwer, aber manchmal müssen einem auch die Besitzer Leid tun, die nicht mit ihnen zurechtkommen konnten. Kaum jemand hat die Absicht, sich einen Collie zuzulegen, mit dem er dann nicht leben kann. Nur zu oft liegt es daran, dass die Besitzer keine Vorstellung davon hatten (und niemand ihnen sagte), wie viel Zeit, Mühe, Energie, Wissen und Hingabe es erfordert, diese Hunde erfolgreich als Hausgenossen zu halten. Collies verlangen eine Menge Nachdenken. Mit etwas Überlegung - oder besser noch Beratung - kann man sich vorstellen, dass eine Hunderasse, die jahrhundertelang dazu gezüchtet wurde, meilenweit in rauen Hügellandschaften zu laufen, pausenlos Schafherden zu hüten und so scharfe Reaktionen wie der Wolf zu zeigen, mit dem sie genetisch eng verwandt ist, nicht von heute auf morgen mühelos in die Rolle eines ruhigen und anspruchslosen Familienmitgliedes schlüpft, weil wir uns das nun plötzlich so wünschen. Dieses Buch wurde für Menschen geschrieben, die lernen möchten, wie man zum erfolgreichen Besitzer eines Border Collies oder Collie-Mischlings wird. Die wissen möchten, warum ein Collie so ist wie er ist und tut was er tut und wie sie das Beste in ihrem Hund zum Vorschein bringen können.

Wir werden uns auf die Geschichte, das Wesen und die ererbten Instinkte des Collies konzentrieren. Wir werden uns anschauen, wie man einen Hund - ob Welpe oder Erwachsener - auswählt und ausführlich über das Problem von Collies aus dem Tierheim sprechen. Wir dürfen nicht vergessen, wie viele Collies eine traurige Existenz fristen müssen, aber auch nicht übersehen, welche Fähigkeit zur Regeneration selbst das verkümmerteste Collie-Wesen in sich trägt, wenn es in die richtigen Hände kommt. Wir werden uns außerdem anschauen, wie man einen Collie aufzieht, erzieht und bis ins hohe Alter für bestmögliche körperliche und mentale Gesundheit sorgt. Wie man die Energieüberschüsse des Collies managt und mäßigt und wie man mit seinen ständig nach Aufgaben verlangenden Trieben arbeitet anstatt gegen sie. Wir werden Ihnen die Sportarten vorstellen, die Sie mit Ihrem Collie betreiben können, um seinen Energien und Talenten Raum zu geben.

In vielerlei Hinsicht war es das Buch, das ich suchte, als ich vor vielen Jahren meinen ersten Border Collie, Kim, aus dem Tierheim holte. Ein Buch, das mir von all den Hochs und Tiefs berichtet hätte, die ich mit dieser Rasse erleben würde. Vielleicht hätte ich dann verstanden, warum Kim ständig Besen, Gartenschläuche oder Staubsauger mit den Zähnen packte und warum sie mit unaufhörlicher Intensität meine Katzen »hütete« und anstarrte. Ich hätte verstanden, warum nicht einmal die Amputation aller vier Läufe sie daran gehindert hätte, jedes sich bewegende Objekt zu jagen, kleine Kinder inbegriffen. Ich hätte den Unterschied zwischen einem Collie mit »Dominanzaggression« und einem, der reinen Stress und blanke Angst ausdrückt, nicht erkannt.

Kim war eine Colliehündin, die in ihrem Leben eine doppelte Tragödie erlebt hatte. Die erste war, dass ihre ursprünglichen Besitzer ihre natürliche Energie, ihren Geist und ihre Sensibilität für Dummheit hielten und ihre Seele so gut wie zerstörten. Die zweite war, dass sie sie im Alter von dreizehn Jahren loswerden wollten. Das Ergebnis war ein sehr verstörter Hund. Vieles von dem, was ich durch sie über Collies lernte, musste ich schmerzlich erfahren; den Rest erarbeitete ich mir mit langem Suchen und in Gesprächen mit anderen Colliebesitzern, die entweder mehr Erfahrung als ich mit der Rasse hatten oder mit Problemen kämpften, die sich als »typisch« für diese Rasse herausstellten. Das Wichtigste, was ich seit Kim über Collies gelernt habe ist, dass es nicht ausreicht, sie einfach zu haben und ihnen zu sagen, was sie tun sollen. Sie müssen sich ihren Respekt verdienen, ihr Vertrauen gewinnen und ihnen einen Grund bieten, warum sie auf Sie setzen sollten. Sie müssen wissen, wann Sie bei einem ängstlichen oder gestressten Hund geduldig und freundlich sein müssen, aber auch, wann Sie unnachgiebig sein müssen - denn es gibt kaum eine Rasse, die einen Wischi-Waschi-Führungsstil oder nicht überzeugende Autorität so gnadenlos quittiert. Leider sind viele Menschen der Ansicht, dass »Unnachgiebigkeit« bedeutet, auf körperliche Gewalt und Strafen zurückzugreifen. Dabei gibt es keinen sichereren Weg, um Psyche und Vertrauen dieser hochsensiblen Hunde zu ruinieren oder jede künftige Beziehung mit ihnen unmöglich zu machen.

Es geht kein Weg daran vorbei: Collies zu problemlosen Haustieren zu machen, kann sehr harte Arbeit sein. Aber wie das mit jeder harten Arbeit ist, die man in eine Herausforderung investiert, können auch die Ergebnisse enorm lohnend sein. An Kim habe ich beides gesehen - wie schlecht ein Collie sein kann, wenn ihm nicht einmal das grundlegendste Verständnis entgegen gebracht wird, und wie gut in besseren Händen, in denen er viel erreichen kann.

Es gibt so viele Collies wie Kim. So viele von ihnen können ihr Leben lang nur einen kleinen Teil ihres wahren Potenzials zeigen, weil sie die falschen Besitzer haben oder die Besitzer nie verstanden haben, zu welchen Leistungen ihre Hunde fähig gewesen wären. Ich würde mir wünschen, dass Sie nach dem Lesen dieses Buches verstehen, warum viele Menschen sich so lange und intensiv mit diesen Hunden befassen, wenn sie einmal mit ihnen zu tun hatten. Der Border Collie ist wirklich kein gewöhnlicher Hund. Er ist außergewöhnlich loyal, willig und mutig. Er hat unglaublich vielseitige Fähigkeiten und einen außergewöhnlichen Verstand. Er besitzt Anmut und Eleganz genauso wie Kraft und Ausdauer. Es gibt wirklich keinen vergleichbaren Hund auf der Welt.

Anm.: Falls nicht anders erwähnt, meint der Begriff »Collie« in diesem Buch als Überbegriff Border Collies, arbeitende Hütehunde und Collie-Mischlinge. Obwohl es je nach Zucht oder Eintragung (z.B. bei der International Sheep Dog Society oder beim Kennel Club) Unterschiede geben kann, teilen viele von ihnen doch die gleichen genetischen Merkmale.

Kapitel 1

WAS IST EIN BORDER COLLIE?

Lernen Sie die Wurzeln Ihres Hundes verstehen

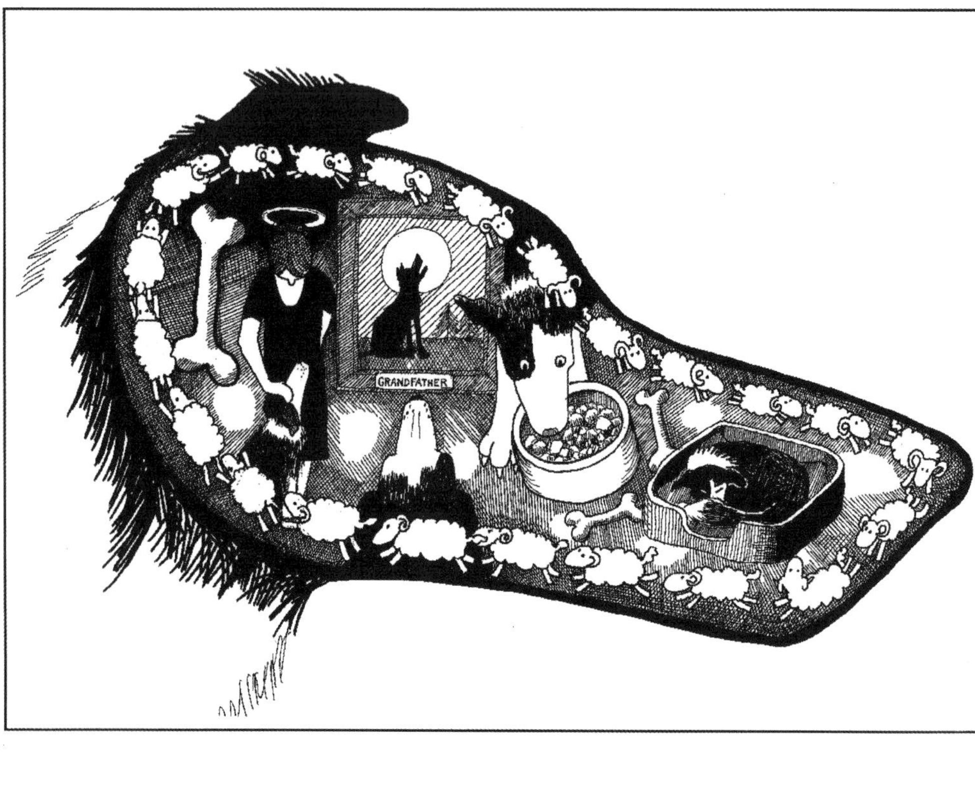

Je mehr man über die Herkunft des Border Collies weiß, desto einfacher ist es, die Schwierigkeiten zu verstehen, die er mit der Anpassung an ein ruhiges und reizarmes häusliches Dasein hat.

Manchmal vergessen wir nur zu leicht, welch unglaublich schnellen (nach den Maßstäben der Evolution) Wandel vom Arbeits- zum Familienhund wir vom Collie verlangt haben. Noch vor drei oder vier Jahrzehnten waren diese Hunde fast ausschließlich in den Händen von Farmern und Schäfern, die sie den ganzen Tag lang körperlich und geistig forderten.

Die heutigen Border Collies haben ihren Ursprung seit Jahrhunderten in vielen Generationen von Hunden, die nach ihren Fähigkeiten zur Arbeit an der Herde selektiert wurden. Man nimmt an, dass die ersten Typen dieser Hüte- und Treibhunde in Britannien bereits zwischen dem fünften und ersten Jahrhundert vor Christus von keltischen Bauern verwendet wurden.

Das Wort »Border« im Name Border Collie stammt vom Grasland im Grenzgebiet zwischen England und Schottland, in dem diese Rasse am häufigsten gebraucht wurde. Das Wort »Collie«, so nimmt man an, geht vermutlich auf das keltische Wort »colley« zurück, das soviel wie »nützlich« bedeutet.

Wenn man heute einen Hütehund bei seiner natürlichen Arbeit beobachtet, muss man nicht nur seine Intelligenz und Eleganz bewundern, sondern auch ein Meisterstück in Sachen vom Menschen beeinflusster Genetik. Ein Hund, der mit nur einem Herrn arbeitet anstatt innerhalb der normalen »Rudelstruktur« von Hunden. Ein Hund mit all den Instinkten zum Zusammentreiben und heimlichen Anpirschen des Wolfes, dem man aber trotzdem befehlen kann, das Vieh zu schützen anstatt es anzugreifen. Ein Hund mit enormer Ausdauer, Beweglichkeit und Schnelligkeit, der mit seinen Pfoten denken und buchstäblich auf einem Grashalm laufen kann. Ein Hund, dessen reine Willenskraft und dessen hypnotisierendes »Auge« Tiere von vielfacher Größe einschüchtern kann.

Hin und wieder gibt es Schaffarmer, die frisch gebackene oder zukünftige Colliebesitzer zu sich einladen, um diesen Hunden bei ihrer natürlichen Arbeit in ihrer natürlichen Umgebung zuzusehen. Das vermittelt nicht nur einen Eindruck davon, wozu Collies bei richtigem Umgang und Training fähig sind, sondern macht auch klar, dass zwei kurze Spaziergänge rund um den Block pro Tag niemals die Bedürfnisse dieser Rasse befriedigen können.

Bevor Sie einen Border Collie oder Colliemischling erwerben, müssen Sie wissen, dass zahlreiche Aspekte seines Verhaltens nicht »schlecht« oder »unnormal« sind, sondern einfach in den Instinkten der Rasse verwurzelt sind. Sie können die natürlichen und ererbten Triebe nicht aus dem Hund heraus erziehen, aber Sie können, wie wir später noch sehen werden, Wege finden, sie innerhalb der häuslichen Umgebung zu modifizieren und ihnen anderswo positive Ventile zu schaffen. Hier sind schon einmal einige der typischen ererbten Verhaltensmerkmale, die Sie bei Ihrem Collie finden könnten.

Anstarren (englisch »Eyeing«)

Mit dem Begriff »Eyeing« bezeichnet man es, wenn ein Hund seinen Blick fest auf ein Objekt fixiert, um es zur Bewegung zu veranlassen. Das betreffende Objekt kann eine Katze, ein Besen oder auch einfach nur ein Schatten oder das Licht einer Taschenlampe sein. Eigentlich alles, was sich im Blickfeld des Hundes bewegt, kann das Anstarren auslösen - kleine Kinder inbegriffen. Jedes Mal, wenn der Hund ein Objekt anstarrt und dieses sich bewegt, erfährt er ein bestärkendes Erfolgserlebnis: Nach Verständnis des Hundes hat er mit seinem Blick die Bewegung verursacht. Manchmal reicht schon die reine Erwartung einer solchen Bestärkung, dass der Collie einen Gegenstand über erstaunlich lange Zeit fest mit den Blicken fixiert.

Jagen

Was wäre ein Schäferhund wert, der auf flüchtendes Vieh nicht schnell reagieren könnte? Wenn Sie Ihren Hund mit den Augen eines Schäfers betrachten, können Sie erkennen, dass er umso wertvoller wäre, je schneller er zur Verfolgung von ausbrechenden Schafen ansetzen könnte.

Im häuslichen Umfeld existiert dieser Trieb immer noch, auch wenn er von den Hundebesitzern als lästig und ärgerlich empfunden wird - besonders, wenn der Hund aus Mangel an besserer Gelegenheit beschließt, Menschen, Motorräder, andere Haustiere oder Autos zu jagen. Auch hier müssen Sie die Sache wieder aus Sicht des Hundes betrachten: So lange das Objekt weiter wegläuft, ist er mit seiner Arbeit noch nicht fertig. Anstarren und Jagen finden oft in sich ständig wiederholender Sequenz statt.

Hüten

Das Hüten ist natürlich ein wesentlicher Bestandteil der Arbeit eines Collies. Damit er eine Herde Schafe oder anderes Vieh zum gewünschten Ort treiben kann, muss er sie erst zu einer kompakteren Einheit zusammenbringen, mit der sich besser umgehen lässt - Nachzügler und Ausreißer werden zur Herde zurückgedrängelt. Dieser Instinkt stammt aus der natürlichen Jagdtechnik des Wolfes, der sein Opfer manchmal in immer kleiner werdende Kreise treibt, bevor er es angreift.

Wenn Ihr Collie allerdings beginnt, seinen Hütetrieb an Ihren Partygästen auszulassen, kann das für Uneingeweihte eine ziemliche Überraschung bedeuten. Viele Colliebesitzer finden es auch schwierig, mit anderen Menschen und Hunden zusammen spazieren zu gehen, ohne dass ihr Hund alle anderen ständig umkreist.

Greifen

So nennt man es, wenn ein Collie mit den Zähnen nach den Hinterbeinen eines Schafes fasst, um es entweder anzutreiben oder zurückzuhalten. Dieser Instinkt hat den Collies häufig einen schlechten Ruf als »schnappt von Natur aus« eingetragen. Das ist nicht fair, weil das Triebverhalten von Hund zu Hund und von Situation zu Situation variiert. Sie sollten die Tatsache aber im Auge behalten und bei Ihrem Collie schon vom Welpenalter an das Schnappen unterbinden.

Dominanz- und Aggressionsverhalten

Es ist kaum vorstellbar, wie ein Collie mit schwachem und schüchternem Wesen als Arbeitshund an der Herde erfolgreich sein sollte. Diese Rasse ist dazu geschaffen, Tiere zu treiben und zu steuern, die um ein Vielfaches größer sind - und das allein durch Entschlossenheit und Willenskraft. Als Ergebnis können viele Collies recht dominante oder draufgängerische Persönlichkeiten sein. Bedenken Sie das bei der Erziehung und bei der Organisation der Struktur innerhalb Ihres »Familienrudels«.

Viele Colliebesitzer stellen auch fest, dass ihr Hund den Trieb beibehalten hat, nur für einen einzigen Herrn zu arbeiten. Oder anders gesagt: Er gehorcht einer bestimmten Person im Haushalt als Rudelführer einfach perfekt, was bei allen anderen nicht der Fall ist. Hieran muss gearbeitet werden, damit der häusliche Frieden wieder hergestellt wird und damit der Hund weiß, wo er seinen Platz in der Rangordnung hat (siehe Kapitel 5, »Der Collie als Familienhund«). Es ist Ihre Sache, die Rangordnung in der Familie aufzustellen, nicht die des Hundes.

Bei manchen (keinesfalls bei allen!) Collies kann die Aggression, falls nicht entsprechend mit ihr umgegangen wird, zu erheblichem Ärger für den Hundebesitzer führen. Weil die Gründe für Aggression bei dieser Rasse so komplex und verschieden sein können (erbliche Veranlagung, Angst, Stress oder andere Faktoren), werden wir auf dieses Thema in Kapitel 6 detaillierter eingehen.

Viele Colliebesitzer können nur schwer verstehen, warum die Arbeitstriebe in ihren Hunden so stark geblieben sind, obwohl doch weder sie noch ihre Eltern oder Großeltern jemals auch nur in der Nähe einer Schaffarm gewesen sind. Sie vergessen aber dabei die Härte der Zuchtauslese, der diese Rasse unterworfen war. Was ein Collie heute ist, hat er von seinen Vorfahren, die von den Farmen selektiv gezüchtet wurden. Welcher Farmer hätte einen Sinn darin gesehen, dass ein Hund mit schlechten Arbeitseigenschaften seine Gene weitergibt? Die Gene von Hunden mit starker Arbeitsveranlagung hatten also auf lange Sicht die viel besseren Überlebenschancen. Heute wird oft argumentiert, dass man sich als Haustier lieber einen Collie mit wenig Arbeitstrieb aussuchen solle. Wie gut diese Theorie funktioniert, hängt aber davon ab, inwiefern Sie in der Lage wären, ein solches Wesen aus einem Wurf Welpen oder im Tierheim unter den anderen ohne Expertenrat herauszufinden (siehe Kapitel 3).

Es gibt heute einige hervorragende Züchter, die Collie-Linien mit einem Wesen schaffen, das besser an ein häusliches Dasein angepasst ist - was aber nicht ohne Kritik von Seiten der »Puristen« bleibt, die der Meinung sind, ein Border Collie müsse immer in erster Linie ein Arbeitshund sein und erst dann ein Haus- und Ausstellungshund. Man kann ihre Schutzbemühungen für diese alte Rasse und ihr Erbe gut verstehen, andererseits muss man aber auch realistisch über das künftige Wohlergehen der Rasse nachdenken. Wenn - wie es momentan der Fall zu sein scheint - die Anzahl der im Tierheim landenden Collies größer ist als die der an Schafen arbeitenden, muss man sich doch fragen, ob es nicht praktischer und vom Tierschutzgedanken her besser wäre, den Hunden eine bessere psychologische Eignung für ihre neue Rolle mitzugeben. Solange außerdem die International Sheep Dog Society besteht und die besten Blutlinien arbeitender Collies herausfiltert und selektiert, ist es kaum vorstellbar, dass die Gene der Top-Arbeitshunde einmal aussterben könnten.

Am Anfang dieses Kapitels stand die Frage »Was ist ein Border Collie«? Im Großen und Ganzen ist er ein Hund, der zwischen den menschlichen Forderungen an seine Wesenseigenschaften hin- und hergerissen ist. Hat er nicht genug Arbeitstrieb, will ihn der Farmer nicht haben. Hat er zu viel Arbeitstrieb, wird er als Haus- und Familienhund nicht akzeptiert.

Es gibt nur wenige Hunde, die dem Menschen so gern gefallen möchten wie der Collie, aber manchmal verlangen wir einfach zu viel von ihm. Die Erwartung, ohne viel Wissen und ohne Freiraum für das Ausleben der Instinkte glücklich mit einem Border Collie leben zu können, ist ungefähr genauso realistisch wie die, jemanden vom Mars zu heiraten.

In der menschlichen Gesellschaft erwarten wir voneinander Zugeständnisse, Kompromisse, Einsehen und Bemühen, um erfolgreiche Beziehungen aufbauen zu können. Irgendwie vergessen wir aber, dass genau dies in der Beziehung zu Hunden genauso wichtig wäre, zumal wir mit ihnen noch nicht einmal eine gemeinsame Sprache sprechen.

Hunderttausende von Menschen auf der ganzen Welt sind zu glücklichen Besitzern von »Nur-Hobby-Collies« geworden, weil sie auf den Prozess der Anpassung vorbereitet waren und bereit, beide Wege zu gehen. Im nächsten Kapitel schauen wir uns an, welche Qualitäten und Lebensumstände ein guter Colliebesitzer vorweisen können muss.

Kapitel 2

WER KEINEN BORDER COLLIE HABEN SOLLTE

Niemand lässt sich gerne sagen, er sei nicht der richtige Halter für den Hund einer Rasse, die ihm besonders gut gefällt. Aber Collies würden nicht die Tierheime und Praxen der Verhaltenstherapeuten füllen und ich würde nicht dieses Buch schreiben, wenn nicht ständig zwischen den Erwartungen der Besitzer und der Wirklichkeit des Zusammenlebens mit dieser Rasse etwas auseinander klaffen würde.

Wenn wir mit einem Hund nicht zurechtkommen, neigen wir dazu, alle Schuld dem Hund in die Schuhe zu schieben anstatt uns selbst kritisch zu betrachten und zu überlegen, mit welcher unserer Eigenschaften der Hund nicht zurechtgekommen ist. Erfolgreiche Hundehaltung beginnt mit der Auswahl einer Rasse, die am besten an unsere individuellen Lebensumstände angepasst ist. In der Regel ist der Border Collie nicht der ideale Hund für Sie, wenn Folgendes auf Sie zutrifft:

1. **Sie haben noch nie einen Hund besessen.**
2. **Sie haben wenig Zeit für Spaziergänge und Erziehung.**
3. **Sie haben sehr kleine Kinder (unter 5 Jahren).**
4. **Sie sind älter und nicht sehr aktiv.**
5. **Sie sind regelmäßig für längere Zeit außer Haus.**

Aber es gibt ja keine Regel ohne Ausnahme. Auch jemand, der noch nie einen Hund hatte, dafür aber mit sehr viel Hingabe, Wissen und konsequentem Bemühen an das »Projekt Collie« herangeht, kann erfolgreich enden. Trotzdem wären im Großen und Ganzen über die Jahre hinweg vielen Menschen und vielen Collies Enttäuschungen erspart geblieben, wenn sie die obigen Regeln beherzigt hätten.

Von diesen Grundregeln einmal abgesehen gibt es aber meiner Meinung nach noch andere Kriterien, die sich eher auf die invividuelle Persönlichkeit des Halters beziehen. Border Collies sind schnell im Denken und schnell in der Bewegung und man muss als Halter noch schneller vorhersehen können, was sie gleich tun werden, wenn man die Arbeitstriebe (siehe voriges Kapitel) kontrollieren möchte. So könnte es Ihnen zum Beispiel einen kilometerlangen Marsch zum Zurückholen des Hundes ersparen, wenn Sie in der Lage sind, die allerersten Anzeichen für Jagdverhalten zu erkennen und sofort »Platz« befehlen können, noch bevor der Hund auf und davon ist. Wenn Sie im schnellen, vorausschauenden Denken nicht so gut sind, müssen Sie dafür halt gut zu Fuß zu sein ...

Oft wird gesagt, der Border Collie sei ein Hund, der eine überzeugende Führung brauche. Nicht jeder aber scheint zu wissen, was genau damit gemeint ist oder ob er die erforderlichen Qualitäten besitzt. Muss man auf den Boden aufstampfen und schreien? Sieht man erfolgreiche Schäfer das tun?

Überlegen Sie selbst, was Ihrer Meinung nach eine überzeugende und effektive Führungsperson ausmacht. Denken Sie an Ihre Schulzeit zurück. Vermutlich haben Sie selbst die drei grundlegenden Konzepte von »Führungsstil« bei Lehrern kennen gelernt:

Der nachgiebige und unautoritäre Charakter, mit dem man endlos seine Spielchen treiben konnte, der aber auch ein Gefühl der Unsicherheit bei den Schülern auslöste, weil er eigentlich führen sollte und nicht zu wissen schien, was er tun sollte.

Der Strenge, der mit dauernder Kritik und mit Schreien Lernfähigkeit und Vertrauen zerstörte. Indem er eine Atmosphäre von Stress und Angst schuf, machte er Fehler bei seinen Schülern mindestens zehnmal wahrscheinlicher.

Der Inspirierende, der aufgrund seines Charakters und der Konsequenz seiner Handlungen natürliche Autorität genoss und der aus jedem das Beste herausholte, indem er Vertrauen in sich selbst und die eigenen Fähigkeiten vermittelte.

Die besten und erfolgreichsten Colliebesitzer, die ich je gesehen habe, haben (was wenig überraschend ist) viele Qualitäten mit dem Lehrer der letzten Kategorie gemeinsam. Sie haben die Gabe, ihren Hunden das Gefühl zu vermitteln, sie würden immer das Richtige für die richtige Person tun - und genau das möchten Collies unbedingt. Dieses Talent war den Besitzern nicht immer angeboren, sie mussten lernen. Sie mussten vor allem lernen, wie man konsequent bleibt, wenn es viel einfacher wäre, inkonsequent zu sein. Sie mussten lernen, die Welt durch die Augen ihrer Hunde zu sehen.

Wenn Sie nicht der Meinung wären, ein Border Collie sei der richtige Hund für Sie, würden Sie dieses Buch nicht lesen. Aber sind Sie der richtige Besitzer für einen Collie? Wenn Sie Ihre Entscheidung noch nicht gefällt haben, hier ein paar Ratschläge, was Sie als Nächstes tun sollten.

1. **Fragen Sie Freunde mit Collies nach den Vor- und Nachteilen des Colliebesitzes.**
2. **Fragen Sie erfahrene Hundehalter, wie Sie ihrer Meinung nach mit einem Collie zurechtkommen würden.**
3. **Fragen Sie in Tierheimen nach unabhängigen Meinungen über die Rasse.**
4. **Lesen Sie dieses Buch bis zu Ende!**

Kapitel 3

AUSWAHL EINES BORDER COLLIES

Es gibt kaum etwas Rührenderes als niedliche Colliewelpen oder heimatlose, unglückliche Tierheimhunde. Trotzdem muss die Entscheidung über die Auswahl eines Hundes mit dem Verstand und nicht mit dem Herz getroffen werden. Viel zu viele Hunde werden aus einer raschen Spontanüberlegung oder Sentimentalität heraus und mit nur wenig vorausschauender Überlegung hinsichtlich der langfristigen Verpflichtungen mitgenommen.

Für die Hunde ist das sehr hart. Sie können sich ihre Besitzer nicht aussuchen. Sie können nicht wissen, ob der Fremde, der sie plötzlich mitnimmt, ihr Vertrauen eines Tages respektieren oder missbrauchen wird. Wir haben die Wahl, sie nicht. Wir können uns entscheiden, einen Hund nicht zu nehmen, um den wir uns aufgrund unserer Lebenssituation nicht ausreichend kümmern können oder wir können uns entscheiden, dass jeder Hund, der zu uns kommt, das bestmögliche Zuhause bekommen wird.

Collies sind Hunde, die von uns viel Bemühen, Verständnis und Hingabe erfordern. Im vorigen Kapitel haben Sie schon eine Vorstellung davon bekommen, was einen guten Colliebesitzer ausmacht. Hier sind einige weitere Fragen, die Sie sich beantworten sollten, bevor Sie sich auf den Weg zu Züchtern oder Tierheimen machen.

1. Warum möchte ich einen Hund/diesen Hund? Denken Sie gut nach. Sie sollten ein paar praktische und überzeugende Antworten darauf haben.
2. Ist mein Partner/meine Familie genauso begeistert von der Idee, einen Hund zu haben, wie ich? Falls nein, müssen Sie das Ganze je nach Stärke der Opposition und aus Fairness gegenüber dem Hund nochmals überdenken. Wenn eine Person im Haus das »Monopol« auf einen Collie hat, wird dieser Hund für andere leicht zum Problem (siehe Kapitel 5).
3. Wer übernimmt generell die Hauptverantwortung für den Hund, fürs Füttern, Ausführen, für die Erziehung etc.? Wie viel Zeit benötigen Sie dafür jeden Tag und können Sie diese Zeit erübrigen? Auch hier ist es am besten, wenn Pflege und Erziehung des Collies von allen im Haushalt gemeinsam erledigt werden.
4. Wie wird dieser Hund zu bereits bei Ihnen lebenden Tieren (Katzen, andere Hunde etc.) passen? Ohne strenge Aufsicht könnte er sich verpflichtet fühlen, diese zu »hüten« und zu jagen.
5. Haben Sie Ersparnisse für unerwartete Tierarztausgaben oder eine gute Tierkrankenversicherung?

6. Ist Ihr Zuhause wirklich für einen stürmischen jungen Hund geeignet? Welche Vorkehrungen müssen Sie noch treffen, um Ihren Garten ausbruchssicher zu machen und Ihre wertvolleren Möbel und Einrichtungsgegenstände zu schützen?
7. Wer kümmert sich um den Hund, wenn Sie in Urlaub fahren oder plötzlich krank werden?
8. Haben Sie alles vorbereitet, was Ihr Hund in den ersten Tagen bei Ihnen braucht (z.B. Käfig, Liegekörbchen, Futter, Spielsachen)?
9. Haben Sie schon einen guten Tierarzt und eine Welpenspielstunde in Ihrer Nähe ausgemacht?
10. Überlegen Sie nochmals, welche Verpflichtung Sie eingehen. Ihr Collie kann vierzehn Jahre oder älter werden. Sind Sie darauf vorbereitet, über diese lange Zeit Ihr Leben so einzurichten, dass eine optimale Versorgung des Hundes gesichert ist?

Eine solche Liste wird Ihnen helfen, sich darauf zu konzentrieren, was ein Hund von Ihnen verlangt. Wenn Sie ein Hund wären, würden Sie es zu schätzen wissen, wenn sich jemand so früh und ausgiebig Gedanken um Ihre Bedürfnisse machen würde.

Welpe oder Tierheimhund?

Welpen und Tierheimhunde stellen verschiedene Anforderungen und haben beide ihre Vor- und Nachteile. Beide können gleich viel Arbeit machen. Beide können in den richtigen Händen zu angenehmen Hausgenossen werden und bei einem unerfahrenen oder schlecht informierten Besitzer Probleme entwickeln

Collies als Tierheimhunde sind ein spezielles Thema, über das wir später ausführlich sprechen werden. Für den Moment konzentrieren wir uns auf die Auswahl eines Welpen. Sollten Sie der Meinung sein, dass ein Welpe immer die »bessere« und »sicherere« Lösung sei als ein Hund aus dem Tierheim, vergessen Sie nicht, dass auch jeder Tierheimhund einmal ein Welpe war.

Welcher Welpe?

Wenn Sie nach einem Colliewelpen suchen gibt es viel zu bedenken. Möchten Sie den Hund nur zur Gesellschaft oder haben Sie Ambitionen in Richtung Agility, Obedience, Flyball, Arbeitsprüfungen oder Ausstellungen? Die einzelnen Züchter spezialisieren sich auf Hunde für diese verschiedenen Disziplinen.

Wenn Sie einen Rassehund möchten, der auf hohem Niveau an Ausstellungen teilnehmen soll, muss er beim Kennel Club (in Deutschland bei einem dem VDH angehörenden Rasseverein, siehe Anhang) registriert sein und die entsprechenden Papiere (Ahnentafel) besitzen.

Sie werden öfter hören, dass man von Collies als »Working Sheepdogs« spricht, was in der Regel meint, dass sie Colliemischlinge oder nicht registrierte Border Collies ohne Ahnentafel sind. Sie können (in England, Anm. d. Übers.) trotzdem in das Arbeitshundestammbuch des Kennel Club als »Working Sheepdog« eingetragen werden und als solche an offiziellen Kennel Club Wettkämpfen wie Obedience, Working Trials, Flyball etc. teilnehmen. Manche Border Collies sind sowohl beim Kennel Club als auch bei der International Sheep Dog Society registriert und haben sowohl das vom Rassestandard für Ausstellungen geforderte Aussehen als auch die besten Arbeitsveranlagungen.

Je nachdem für welchen Sport Sie sich später interessieren sollten, kann Ihnen der VDH (Adresse siehe Anhang) Auskunft darüber geben, welche Eintragungen für den Hund notwendig sind (siehe auch Kapitel 10, »Der Collie im Wettkampf«).

Der Rassewelpe

Je nach Blutlinie gibt es beim modernen Collie verschiedene Größen, Farben und Merkmale. Manche Hunde haben beispielsweise aufrecht stehende Ohren, während bei anderen das obere Ohrdrittel umknickt. Manche haben ein oder zwei blaue Augen, manche sind größer oder kleiner als andere. Außer dem traditionellen schwarzweiß gehören inzwischen auch rot-weiß, tricolour (schwarz, weiß und lohfarben), blau-weiß, bluemerle, redmerle und sable zu den vorkommenden Fellfarben. Auch die Haarlänge reicht von kurz bis mittellang. Viele Hunde haben in den helleren Fellbereichen auch Punkt- oder Tupfenmuster, was recht attraktiv sein kann.

Eines der auffallendsten optischen Merkmale dieser Rasse im Vergleich zu anderen ist, dass es keine zwei Hunde gibt, die völlig gleich aussehen. Ein Ausstellungs-Border Collie muss allerdings neben der Ahnentafel auch ein bestimmtes, eher einheitliches Aussehen haben, um erfolgreich sein zu können.

Was den Border Collie von anderen Collievarietäten unterscheidet, ist die Entsprechung seines Äußeren zu einem festen »Rassestandard«, der vom Kennel Club bzw. der FCI (Internationaler

Dachverband für das Hundewesen) festgelegt wird. Theoretisch darf ein Border Collie laut Standard heute verschiedene Fellfarben haben, aber die Sieger im Ausstellungsring sind meistens schwarzweiß. Der Rassestandard für den Border Collie spezifiziert alles von der Körpergröße des Hundes bis zur Form seiner Pfoten, den Ansatz von Rute und Ohren, die Bewegung, das Wesen und das Haarkleid, bei dem Weiß niemals vorherrschen darf.

Wenn Sie glauben, dass Sie einen zukünftigen Ausstellungschampion schon im Welpenalter erkennen können, müssten Sie entweder ungewöhnliches Glück haben oder ein außergewöhnlicher Experte sein. Selbst viele Top-Züchter irren sich in diesem frühen Alter, weil die Hunde sich beim Heranwachsen noch ständig verändern. Und wenn doch einmal ein Züchter der Überzeugung sein sollte, er habe einen künftigen Champion im Wurf, wird er ihn bestimmt nicht an Sie verkaufen. Nur fünf bis zehn Prozent aller Rassehunde schaffen es je bis an die Spitze der Ausstellungskarriere. Trotzdem können Sie bei einem Versuch in dieser Richtung sehr viel lernen und auch noch ein gut Teil Spaß haben.

Der Faktor »Arbeitstrieb«

Wenn Sie einen Colliewelpen als Hausgenossen suchen, bekommen viele Menschen den Rat, einen mit wenig »Arbeitstrieb« (siehe Kapitel 1) auszuwählen. In der Theorie hört sich das gut und praktisch an. Man stellt sich vor, dass ein solcher Hund in einer Umgebung ohne Schafe weniger Ansprüche stellt.

Wie stark der Trieb zum Arbeiten bei einem Collie ist, lässt sich aber in diesem Alter nur schwer beurteilen. Manche zeigen bereits mit wenigen Wochen typische Verhaltensmuster wie Anstarren, Zusammentreiben oder Jagen, bei anderen treten sie erst im Alter von einem Jahr ganz zutage. Selbst für Experten ist also die Stärke des Arbeitstriebes eine unbekannte Größe, bis der Hund Geschlechtsreife erreicht hat.

Natürlich ist es wahrscheinlich, dass Welpen, die das Collie-typische Anstarren und Jagen schon im Alter von wenigen Wochen zeigen, mit großer Wahrscheinlichkeit auch zu Erwachsenen mit starkem Arbeitstrieb werden. Sind keine dieser frühen Merkmale vorhanden, kann es helfen, den Züchter nach seiner Einschätzung des Arbeitstriebes zu fragen. Dieser wird sich vermutlich (verständlicherweise) nicht gerne in Zugzwang begeben und keine Voraussagen über die Entwicklung des Welpen machen wollen, aber er hatte bis jetzt wesentlich mehr Zeit als Sie, den Wurf zu beobachten. Er muss außerdem in der Lage sein, Ihnen etwas über die Eltern (Hündin und Rüde) zu erzählen und wie stark deren Arbeitstrieb ist. Aber denken Sie daran, dass ein von der Schaffarm stammender Hund nicht automatisch einen starken Arbeitstrieb haben muss, genauso wie er bei einem aus einer »häuslichen« Zucht nicht automatisch niedrig sein muss. Die Ausprägung genetischer Merkmale ist eine sehr zufällige und vertrackte Sache und lässt sich kaum exakt vorhersagen. Auch wenn also manche Züchter mit Hunden werben, die nur wenig Hüte- und Jagdtrieb mitbringen, können sie unmöglich dafür garantieren, dass sich der Welpe auch genau so entwickeln wird.

Man sollte aber auch nicht die Tatsache übersehen, dass es für viele Menschen genau der Arbeitstrieb ist, der den Collie zu einem so einmaligen, herausfordernden und dankbaren Hund macht. Was unterscheidet einen Collie ohne Arbeitstrieb (und dem damit meist verbundenen scharfen Verstand und der Intelligenz) noch von einem Hund jeder beliebigen anderen Rasse? Bedenken Sie auch, dass ein solcher Hund in Wettbewerben Nachteile haben wird, in denen die natürlichen Talente und Triebe des Collies voll gefordert werden.

Kurzum: Wenn Sie der Meinung sind, wenig Arbeitstrieb sei für Sie das wichtigste Auswahlkriterium für einen Colliewelpen, werden Sie herausfinden, dass Ihnen die Züchter hierzu beim besten Willen keine genaue Auskunft geben und keinen Welpen empfehlen können. Im Gegenteil, vermutlich sind sie über Ihre Forderung sogar erstaunt. Es wäre so, als ob jemand einen Dackel verlangte, der nicht gräbt oder einen Terrier, der nicht bellt. Vermutlich raten sie Ihnen, sich lieber nach einer anderen Rasse umzusehen.

So findet man einen Züchter

Jedem, der auf der Suche nach einem Welpen ist, wird der Rat gegeben, nur bei einem »erfahrenen Züchter« zu kaufen. Das setzt voraus, dass man einen unerfahrenen oder schlechten Züchter identifizieren kann, was nicht immer der Fall ist. Weiter hinten in diesem Buch werden wir Ihnen noch genau erklären, wie Sie Colliezüchter mit gutem Ruf finden können.

Vorerst möchten wir nur einige der wichtigsten guten und schlechten Zeichen für eine Zuchtstätte aufzählen. Zunächst zu den schlechten Zeichen:

1. Jedes Jahr werden sehr viele Würfe, möglicherweise noch von verschiedenen Rassen, »produziert«.
2. Sie können den Welpen nicht zusammen mit der Mutter und den Wurfgeschwistern sehen. Ein Welpe, der isoliert von seiner Familie präsentiert und verkauft wird, ist zweifellos sehr suspekt.
3. Die Hygiene der Räumlichkeiten lässt zu wünschen übrig oder die Hündin sieht schlecht und unglücklich aus.
4. Die Welpen werden isoliert von anderen Menschen und Tieren aufgezogen. So wird die Frühsozialisation verhindert, die unbedingt nötig ist, damit sie sich später zu mental stabilen Erwachsenen entwickeln. Bedenken Sie aber auch, dass sehr junge Welpen sehr anfällig für Infektionskrankheiten sind. Viele Züchter beschränken und kontrollieren deshalb den Besuch von außen oder bitten um hygienische Vorsichtsmaßnahmen, um die Welpen zu schützen.
5. Der Züchter fragt Sie nicht, welches Leben Sie dem Welpen bieten werden, in welcher Umgebung er leben wird und wie viel Erfahrung Sie mit Hunden, insbesondere mit Collies, haben.
6. Der Züchter kann Ihnen keine überzeugenden Antworten auf Ihre Fragen nach den Eltern der Welpen, nach Entwurmungsterminen oder nach Untersuchungen auf Erbkrankheiten wie Hüftgelenksdysplasie, Taubheit oder Augenprobleme geben. Welpen müssen ab dem Alter von zwei oder drei Wochen regelmäßig entwurmt werden.

Gute Züchter dagegen bieten Folgendes:

1. Sie können die Welpen zuhause zusammen mit der Mutter sehen, aus Gesundheitsgründen dürfen Sie aber meist Welpen bis zum Alter von vier Wochen kaum anfassen. Welpen, aus denen einmal angenehme Hausgenossen werden sollen, werden am besten in einer lebhaften, aber nicht zu stressigen häuslichen Umgebung großgezogen. Es ist nicht ganz einfach, das richtige Maß zwischen angemessener frühzeitiger Konfrontation mit der Geschäftigkeit des Alltagslebens und zu viel davon zu finden, denn ein Zuviel kann später auch zu Angstreaktionen führen. Erfahrene Züchter wissen, wie man es richtig anfängt.
2. Die gesamte Umgebung der Wurfkiste ist extrem sauber, sowohl Hündin als auch Welpen sehen gesund und zufrieden aus. Hündinnen sollten niemals ängstliche oder aggressive Reaktionen auf Ihre Annäherung zeigen.

3. Eine detaillierte Dokumentation zu Ihrem Welpen. Dazu gehören Ahnentafel (falls vorhanden), Originale oder Kopien von Untersuchungszeugnissen der Welpen oder Eltern, Daten der letzten Entwurmungen, eine Fütterungsempfehlung und weitere hilfreiche Ratschläge und Tipps wie z.B. die Anschrift eines örtlichen Tierarztes, Zoofachhandels etc., um Ihnen den Start so leicht wie möglich zu machen. Ein guter Züchter wird Ihnen auch nach dem Verkauf gerne alle Informationen und Ratschläge geben, die Sie brauchen.
4. Der Züchter sollte dem Kaufinteressenten genau erklären, wie er sich das neue Zuhause für einen seiner Welpen vorstellt. Die meisten guten Züchter haben einen Riecher dafür, welcher Besitzer am besten zu einem bestimmten Welpen passt und welcher nicht. Wenn er keinen Welpen an Sie abgeben möchte, respektieren Sie das - vielleicht beruht diese Entscheidung auf eigenen Erfahrungen, in welcher Umgebung die Welpen am besten gedeihen. Wenn bei Welpen mit Ahnentafeln der Züchter der Meinung ist, dass einer von ihnen hohes Ausstellungspotenzial hat, möchte er ihn vielleicht für sich selbst behalten.

Wie erkennt man einen guten Welpen?

In der Regel kommen gesunde und wesensmäßig stabile Welpen von Züchtern, die viel Wert auf gute körperliche und geistige Frühentwicklung gelegt haben. Gute Züchter machen sich viele Gedanken darüber, welche Hunde sie zur Zucht einsetzen und legen Wert auf gutes Wesen, robuste Konstitution und Leistungsnachweise auf Ausstellungen, Wettkämpfen oder anderen Gebieten, in denen Collies brillieren.

Hier sind einige der guten Zeichen, die Sie bei einem Colliewelpen finden sollten, bevor Sie ihn mit nach Hause nehmen:
1. Aufmerksamkeit und Verspieltheit.
2. Wache, klare Augen.
3. Beim Hochnehmen fühlt er sich trocken und sauber an und strampelt, nicht feucht oder schlaff.
4. Es sind keine Anzeichen für Nasenausfluss oder Durchfall vorhanden.
5. Der Bauch fühlt sich fest und gut gerundet an, nicht leicht oder aufgebläht, was ein Zeichen für Würmer sein kann.
6. Die Haut fühlt sich fest und elastisch an, eine hoch gezogene Hautfalte springt sofort wieder zurück.

7. Der Welpe frisst gut und spielt begeistert mit den Wurfgeschwistern.
8. Es sind keine äußerlichen Mängel (wie z.B. ein gespaltener Gaumen) oder Parasitenbefall erkennbar.

Es wird immer viel darüber gesprochen, wie man sich den richtigen Welpen aus dem Wurf aussuchen soll - dass beispielsweise derjenige Welpe, der als Erster auf Sie zukommt, sich vermutlich zu einem dominanten Hund entwickelt, dass ein schüchterner Welpe sich vermutlich eher zu einem ängstlichen und scheuen Erwachsenen entwickelt und dass man sich am besten einen Welpen mit dazwischen liegendem, »mittlerem« Temperament als künftigen Hausgenossen aussuchen soll.

Es kann aber nun einmal nicht jeder einen »mittleren« Welpen nehmen. Zweitens ist so eine schnelle, frühe Beurteilung nicht immer unfehlbar. Drittens hat Ihr Verhalten als Besitzer einen enormen Einfluss auf die weitere Entwicklung des Welpen. Der »falsche« Welpe beim »richtigen« Besitzer hat vermutlich bessere Zukunftsaussichten als der »richtige« Welpe beim »falschen« Besitzer.

Eine Warnung zum Schluss

Obwohl Collies insgesamt eine gesunde und robuste Rasse sind, können sie für bestimme erbliche Defekte wie Augenprobleme oder Taubheit anfällig sein. Welpen sollten im Alter von 6 - 8 Wochen auf Taubheit und die so genannte Collie Eye Anomalie/CEA getestet werden, die später zu schweren Sehbehinderungen oder sogar zur Erblindung führen kann.

Weitere Collie-Krankheiten können sich auch erst entwickeln, wenn der Hund schon viel älter ist. Wenn Ihnen nach dem Lesen dieses Kapitels klar geworden ist, wie viel Mühe das Finden des richtigen Welpen macht, kann man nur sagen - warten Sie, bis Sie ihn erst nach Hause holen!

Übrigens ist es nicht ratsam, zwei Welpen aus dem gleichen Wurf zu nehmen. Die Wahrscheinlichkeit ist groß, dass sie sich stärker aneinander binden als an Sie. Außerdem können Junghunde gleichen Geschlechts beim Erwachsenwerden beginnen, einen ständigen Kampf um die Rangordnung zu führen.

Die meisten Menschen wissen schon vorher genau, ob sie lieber einen Rüden oder eine Hündin möchten. Beide haben ihre Vor- und Nachteile, wenn sie erwachsen werden, wie wir in Kapitel 5 noch sehen werden.

KAPITEL 4

DER WELPE KOMMT INS HAUS

Das Großziehen eines wohlerzogenen Hundes erfordert genau wie bei einem Kind viel Mühe, Geduld und konsequentes Vorgehen. Nur wirklich Unerschrockene oder mit unendlicher Geduld Gesegnete würden beides zur gleichen Zeit versuchen.

Wie bereits erwähnt ist es nicht unbedingt ratsam, Kleinkinder und lebhafte Colliewelpen gleichzeitig großziehen zu wollen. Ansonsten wird Ihnen so mancher Seufzer und Fluch über die Lippen kommen ...

Welpen und Kleinkinder haben einige Dinge gemeinsam. Beide benötigen die Sicherheit bestimmter Rahmenbedingungen, zum Beispiel das Wissen, wo sie essen, schlafen oder spielen können und die Anleitung, welches Verhalten akzeptabel ist und welches nicht.

Und denken Sie bitte daran: Genauso wenig wie Sie einen Welpen mit der Aufsicht über ein Kind beauftragen würden, sollten Sie auch niemals Kinder alleine mit dem Welpen lassen oder ihnen die Verantwortung für ihn auferlegen.

Das Schwierigste beim Aufstellen der Verhaltensregeln ist es, konsequent zu sein. Wenn wir heute etwas erlauben oder durchgehen lassen, was wir morgen verbieten, schaffen wir Verwirrung und die Erkenntnis, dass unsere Autorität hinterfragt werden kann. Dieser schädliche Gedanke sollte gar nicht erst im Kopf eines heranwachsenden Hundes entstehen.

Einer der typischsten Fehler, den man bei jungen Hunden machen kann, ist, ihnen zu lange Narrenfreiheit zu gewähren. Wir stellen uns vor, dass sie, weil sie ja so süß, klein und niedlich sind, in den ersten Monaten noch zu jung sind, um den Unterschied zwischen »Richtig« und »Falsch« zu verstehen. Leider sieht die Realität anders aus: Wenn Sie einen Welpen ungehindert das tun lassen, was er möchte (z.B. »spielerisch« in Hände beißen, Ihre Schuhe zerkauen oder den Garten umgraben), wird er das auch als Erwachsener vermutlich noch tun wollen.

Dumm nur, dass dann auch seine Zähne größer und spitzer geworden sind und er umso mehr Mut gefasst hat, Sie herauszufordern.

Collies sind Hunde, die vom ersten Tag an wissen möchten, wer der Rudelführer ist. Stellen Sie sicher, dass Sie es sind. Achten Sie darauf, dass nur Sie und die anderen Haushaltsmitglieder bestimmen, was der Collie tun und lassen soll - und nicht der Hund.

Die ersten Tage

Eines der besten ersten Dinge, die Sie nach der Ankunft des Welpen tun können, ist, sich ein Notizbuch zuzulegen und seine Entwicklung darin festzuhalten. Schreiben Sie jeden Tag die verschiedensten Informationen und Details hinein, von den Fressgewohnheiten über die Fortschritte in der Stubenreinheit bis hin zu möglichen Gesundheitsstörungen oder Erfahrungen, auf die er positiv oder negativ reagiert hat. Sie können sein Großwerden auch mit Fotos dokumentieren.

Das Zusammenstellen dieser Notizen macht nicht nur Spaß, sondern wird später zum überaus nützlichen Instrument, falls der Hund einmal Gesundheits- oder Verhaltensprobleme entwickeln sollte. Sie und Ihr Tierarzt und/oder Verhaltenstherapeut können darin nach Anhaltspunkten suchen, wo etwas schief gelaufen sein könnte. Ist der Hund einmal groß, vergisst man nur allzu leicht, welche prägenden Erfahrungen und Ereignisse das Wesen und die Persönlichkeit unseres Hundes geformt haben könnten. Manchmal hatten auch Ereignisse, die zum Zeitpunkt des Geschehens völlig unbedeutend wirken (z.B. eine vorübergehende Angst vor einem Geräusch oder einer Person), einen viel größeren Einfluss auf den heranwachsenden Hund, als wir dachten.

Der Hundekäfig

Ein zu Beginn unglaublich nützliches Utensil ist der Hundekäfig oder Innenkäfig. Er muss so groß bemessen sein, dass auch der erwachsene Hund noch bequem Platz darin findet. Für die meisten Collies bedeutet das eine Mindesthöhe von 80 cm. Je nach den verfügbaren Größen sollten Maße von etwa 100 cm x 70 cm x 80 cm (Länge x Breite x Höhe) oder 120 cm x 80 cm x 85 cm einem erwachsenen Hund ausreichend Platz bieten. Die meisten Tierärzte, Züchter oder Hundezeitschriften können Ihnen Bezugsadressen seriöser Hersteller nennen, die evtl. sogar zu Ihnen nach Hause liefern. Vergewissern Sie sich, dass der Käfig einen leicht herausnehmbaren und gut zu reinigenden Kunststoffboden hat. Manche Käfige sind außerdem auch für den Transport im Auto zu verwenden.

Viele Menschen sind der Meinung, dass der Käfig ein unfreundliches Gefängnis ist - was sicher stimmt, wenn er falsch eingesetzt wird. Der Junghund muss ihn immer als gemütlichen und sicheren kleinen Zufluchtsort betrachten und niemals als einen Ort der Strafe, an den er abgeschoben wird, sobald er müde erscheint. Der Käfig darf niemals dazu missbraucht werden, den Hund stundenlang einzusperren, nur weil Sie ihm nicht genügend Aufmerksamkeit und Beschäftigung bieten können oder wollen. Am Tag sollte der Hund nie länger als vier Stunden im Käfig bleiben müssen - das ist aber das absolute Maximum, besser wären höchstens zwei oder drei Stunden. Nachts richtet sich die Aufenthaltsdauer danach, wie lange die Blase des jungen Hundes einhalten kann.

Das Wichtigste für den Junghund ist, dass er den Käfig als positiven, beruhigenden Ort empfindet und nicht als negativen Ort von Bestrafung und Einsamkeit. Folgendes können Sie tun, um die Bildung positiver Gefühle zu fördern:

1. Lassen Sie die Käfigtür offen und ermutigen Sie den Welpen anfangs, für kürzere Zeiträume hineinzugehen. Belohnen Sie ihn jedesmal mit einem Leckerchen, Kauknochen und überschwänglichen Worten, wenn er hineingegangen ist.
2. Legen Sie eine gemütliche und leicht zu reinigende Einlage und ein paar Spielzeuge in den Käfig. Prüfen Sie, ob die Spielzeuge keine Teile aufweisen, die abgekaut und verschluckt werden können. Spielzeuge müssen so groß sein, dass sie nicht verschluckt werden können.
3. Viele Züchter empfehlen, dass Sie ein Kleidungsstück oder einen Gegenstand mit Ihrem Geruch bei ihm abgeben, bevor Sie den Welpen abholen - so kann er sich schon einmal an den fremden Geruch gewöhnen. Zuhause können Sie diesen Gegenstand während der ersten Tage dann auch im Käfig lassen, was den zusätzlichen Vorteil hat, dass er nun auch den vertrauten Geruch von Mutter und Geschwistern an sich trägt und beruhigend wirkt. Stellen Sie aber sicher, dass Sie mit Ihrem Gegenstand von zuhause keine Infektion in den Zwinger einschleppen können - besprechen Sie das mit dem Züchter.
4. Füttern Sie den Junghund in seinem Käfig und geben Sie ihm seine Leckerchen dort.
5. Um die Erziehung zur Stubenreinheit zu unterstützen, können Sie eine »Toilettenecke« vor dem Käfig einrichten, denn Hunde beschmutzen von Natur aus niemals ihren Schlafplatz. Am einfachsten geht das mit Zeitung, die Sie langsam immer weiter vom Käfig weg und schließlich bis nach draußen schieben können. Der Nachteil dabei ist, dass Sie dem Hund später wieder abgewöhnen müssen, jede herumliegende Zeitung als Toilette

zu betrachten. Besser geeignet ist daher ein mit Erde gefüllter Behälter oder eine Katzentoilette, weil dies eher dem natürlichen Untergrund entspricht, den ein Hund draußen vorfindet.

6. Ermutigen Sie Ihren Hund, im Käfig zu schlafen. Junghunde schlafen viel, besonders nach wildem Toben beim Spielen oder nach dem Fressen. Beides führt meist außerdem dazu, dass der Hund sich lösen muss. Sobald er das getan hat (am besten draußen) und müde erscheint, bringen Sie ihn in sein Käfigbett. Lassen Sie die Tür so lange offen, bis sich der Hund völlig wohl und entspannt in seinem Käfig fühlt - mit Ausnahme der Nacht, wenn Sie nicht möchten, dass der Hund umherwandert.

Käfige begrenzen außerdem den Schaden, den Ihr Junghund durch Kauen an Möbeln oder anderen Gegenständen anrichten kann bzw. sie verhindern, dass er an so gefährliche Objekte wie Elektrokabel und giftige Topfpflanzen gerät. Bedenken Sie, dass junge Hunde genau wie Kleinkinder eine lange Phase durchlaufen, in der sie neugierig jeden erreichbaren Gegenstand in den Mund stecken müssen! Am stärksten ist dieser Drang während des Zahnens im Alter zwischen vier und sechs Monaten.

Der Junghund muss schon früh begreifen, dass er nicht auf allem herumkauen kann, wonach ihm der Sinn steht. Wenn er außerhalb des Käfigs irgendetwas im Haus anzukauen beginnt, bringen Sie ihn sofort zurück in den Käfig. Tun Sie dies ohne Schimpfen oder Strafen und geben Sie ihm stattdessen sein eigenes Kauspielzeug, mit dem er sich beschäftigen kann. Am besten eignen sich hierzu Kauartikel aus Rohhaut. Loben Sie den Kleinen überschwänglich, wenn er auf dem »richtigen« Gegenstand kaut.

Wenn Sie dies wiederholt und konsequent tun, wird der Junghund irgendwann begreifen, dass er nur seine eigenen Sachen in seinem Käfig kauen darf. Alles andere sind »Ihre Sachen« in »Ihrem Revier« und damit für ihn tabu.

Begrenzen Sie in den ersten Tagen die Zeit, die der Junghund im Käfig verbringen muss. Er braucht viel Zeit zum Spielen, für den Umgang mit Menschen und anderen Tieren und um die große weite Welt draußen zu entdecken. Nur so kann er erfolgreich die Schwelle zum Erwachsensein überwinden, nicht, indem er stundenlang im Käfig sitzt. Zu Beginn sollte Ihr Junghund zu folgenden Hauptzeiten im Käfig sein:

1. **Wenn er Ruhe/Schlaf braucht, darunter auch nachts.**
2. **Wenn er vor Gefahren geschützt werden muss,** z.B. wenn Sie

mit Aufgaben beschäftigt sind, bei denen Sie über den Hund stolpern könnten oder bei denen er an gefährliche Chemikalien gelangen könnte. Außerdem in allen Situationen, in denen die Haustür längere Zeit offen steht, weil z.B. Handwerker oder Lieferanten ein- und ausgehen. Bei solcher Betriebsamkeit ist es für den Junghund nur zu leicht, unbemerkt zu entwischen und nach draußen in den Straßenverkehr zu laufen. Es sollte sich auch von selbst verstehen, dass Ihr Garten ausbruchssicher umzäunt sein muss.

3. **Wenn er gefüttert wird**/Leckerchen oder Kauspielzeug bekommt.

Auf diese Weise wird der Junghund bald verstehen, dass im Käfig nur angenehme Dinge geschehen und dass er sich dort sicher, gut aufgehoben und ungestört fühlen kann. Wenn Sie es schaffen, diese positive Assoziation zu wecken, wird er allmählich auch von sich aus mehr und mehr Zeit dort verbringen wollen.

Spielen und Lernen

Ganz wichtig ist, dass Sie sich von Anfang an genügend Zeit zum Spielen mit Ihrem Welpen nehmen. Bevor er in sein neues Zuhause kam, fand die meiste Interaktion mit seinen Wurfgeschwistern statt, unterbrochen nur durch gelegentliche Maßnahmen der mütterlichen Disziplinierung. Zwar tun gute Züchter ihr Bestes, um Welpen schon früh an den Umgang mit anderen Menschen zu gewöhnen, aber Sie müssen diesen Prozess jetzt noch weiter führen, um ein starkes Band zwischen dem Hund und allen Mitgliedern Ihres Hausstandes entstehen zu lassen. Am besten lässt sich das über das Mittel des gemeinsamen Spiels erreichen.

Diese Spielstunden müssen richtig aufgebaut werden, sonst könnte am Ende ein Hund dabei herauskommen, der genau das Gegenteil von dem gelernt hat, was Sie beabsichtigten. Wenn Hunde im frühen Alter zu grob im Spiel herumgeschubst wurden, wenn man ihnen spielerisches Zuschnappen erlaubte, sie alle Spiele gewinnen und ihr Spielzeug immer behalten ließ, entwickeln sie sich nur zu oft zu problematischen erwachsenen Hunden.

Ab der ersten Minute, in der Sie mit Ihrem Collie zu spielen beginnen, müssen Sie zwei Ziele im Kopf haben. Als Erstes möchten Sie ihm die Idee vermitteln, dass das Zusammensein mit Ihnen immer etwas Erstrebenswertes ist, da Sie mit Leckerchen, Spielsachen und positiven Erfahrungen in Verbindung stehen. Zweitens, dass Sie die Spielregeln bestimmen und dass Sie die besten Spielsachen kontrollieren und besitzen.

Hundespielzeug muss weder kompliziert noch teuer sein. Man kann ein kleines Vermögen für spezielle Spielzeuge und Zerrseile ausgeben, um danach festzustellen, dass der Junghund zehnmal so viel Spaß an einem leeren Joghurtbecher, einem Plastikblumentopf oder dem abgeschnittenen Bein einer ausrangierten Jeans hat. Vorsicht aber mit dünnen Plastikbehältern, nehmen Sie sie dem Hund in dem Moment weg, in dem sie auseinanderbrechen, damit er keine scharfen Splitterteile verschlucken kann.

Manche Autoren raten, einen Junghund von Anfang an niemals ein Spiel mit Ihnen »gewinnen« zu lassen, vor allem nicht so genannte Zerr- und Beutespiele. Aber wie lange würden Sie gerne ein Spiel spielen wollen, das Sie niemals gewinnen können, und wie viel Spaß hätten Sie daran? Wenn der Kleine manchmal gewinnen darf, hält das sein Interesse am Spiel mit Ihnen lebendig. Wichtig ist nur, dass er lernt, auf Ihren Wunsch hin das jeweilige Spielzeug sofort loszulassen und herzugeben, besonders, wenn er sich im Spieleifer stark erregt und erhitzt hat.

Je nachdem wann Sie mit dem Einüben dieser Lektion beginnen, kann es etwas dauern, bis der Junghund das Kommando »Aus« oder »Gibs« mit dem Hergeben eines Gegenstandes verbindet. Beharren Sie fest auf Ihrer Forderung, aber bleiben Sie dabei freundlich.

Wenn Sie laut schimpfen und versuchen, ihm den Gegenstand abzunehmen, stacheln Sie den Hund nur noch weiter an oder provozieren sogar aggressive Reaktionen, weil er seine Beute verteidigen möchte oder Angst vor Ihrem plötzlichen Wutausbruch bekommen hat. Mit Geduld und Konsequenz lässt der Junghund irgendwann los - woraufhin Sie ihn überschwänglich loben und/oder ihm eine Futterbelohnung geben müssen.

Wiederholen Sie diese Übung so oft, bis der Hund einen Gegenstand auf Kommando los lässt.

Grundsätzlich sind Sie derjenige, der ein Spiel sowohl beginnt als auch beendet. Wenn sie sehr aufgeregt und begeistert bei der Sache sind, wissen junge Hunde nicht immer, wann sie zu ihrem eigenen Besten mit dem Toben aufhören sollten. Begrenzen Sie also die Spielzeit, bevor der Kleine sich zu sehr verausgabt. Genau wie kleine Kinder sind auch junge Hunde meist kurz vor der Erschöpfung am stärksten »überdreht«. Schon bald werden Sie den Zeitpunkt erkennen lernen, an dem das Spiel dieses Stadium erreicht und man es besser beendet, damit der Junghund wieder »auf den Teppich kommen« und sich erholen kann.

Vereinbaren Sie einheitliche Spielregeln für alle Mitglieder Ihres Hausstandes, die mit dem Junghund spielen werden. Der Hund muss bei allen wissen, wo seine Grenzen liegen, was er tun darf und was er besser lassen sollte. Auf diese Weise schaffen Sie auch ein einheitliches, konsequentes Verhalten aller »hochrangigen« Rudelmitglieder des Hundes (denn als solche sieht er sie). Kinder müssen lernen, mit Junghunden behutsam zu spielen, um sie nicht zu verängstigen, zu bedrohen oder zu überreizen. Überraschenderweise haben viele Kinder in dieser Hinsicht Verständnis und gehen vorsichtig mit einem Wesen um, das noch kleiner ist als sie.

Schnappen

Colliewelpen neigen im Spiel und während des täglichen Umganges oft zu übermäßigem Einsatz ihrer Zähnchen. Es ist ein Teil des normalen Spielverhaltens bei Welpen, sollte aber keinesfalls gefördert werden. Wenn die Zähne erst größer und spitzer werden, wird auch das spielerische Zuschnappen durchaus schmerzhaft. Widerstehen Sie unbedingt der Versuchung, es dem Junghund heimzuzahlen, wenn das geschieht.

Zwar ist es in einem intakten Hunderudel normal, dass ein Welpe für solches Benehmen von seiner Mutter oder höherrangigen Rudelmitgliedern körperlich bestraft wird, aber meiner Meinung nach sind nur wenige Menschen in der Lage, die Schnelligkeit und Subtilität dieser Reaktionen nachzuahmen, den Welpen nicht zu verängstigen, sein Vertrauen in den Menschen nicht zu erschüttern und ihn nicht zu aggressiven Verteidigungsreaktionen zu provozieren.

Die beste Reaktion auf ein Schnappen des Junghundes ist, wenn Sie laut »Aua!« oder »Nein!« schreien und sofort weggehen. Das Gleiche gilt, wenn das Schnappen während des Spiels passiert: Beenden Sie das Spiel sofort und gehen Sie weg. Schon bald wird der Hund verstehen, dass nicht nur sein Verhalten inakzeptabel ist, sondern dass Beißen auch das sofortige Ende von gemeinsamem Spiel und Spaß bedeutet. Auf die meisten Hunde wirkt das sehr stark demotivierend.

Abgesehen von der Schaffung einer guten Mensch-Hund-Beziehung kann der Collie im frühen Alter auch schon die wichtigsten Kommandos und Übungen wie »Sitz«, »Bleib« oder Apportieren lernen. Ermuntern Sie Ihren Hund, den Spaß an apportierten Gegenständen mit Ihnen zu teilen und belohnen Sie ihn dafür, indem Sie ihn eine Zeit lang damit spielen lassen, bevor Sie sie ihm wieder abnehmen. Diese Bestärkung des Verhaltens wird sich später auszahlen, wenn Sie formellere und schwierigere Apportierübungen mit Ihrem Hund einstudieren möchten.

Wenn Ihr Junghund immer gerne mit Ihnen spielt, seine Spielsachen mit Ihnen teilt, sie auf Ihren Wunsch hin hergibt und alles wiederbringt, was Sie werfen, dann herzlichen Glückwunsch! Sie machen sehr gute Fortschritte.

Sozialisation

Für viele weniger erfahrene Hundehalter ist der Begriff »Welpensozialisation« unklar und missverständlich. Sie glauben, dass es nur darum geht, einen Welpen in speziellen Welpenspielgruppen mit anderen Welpen zusammenzubringen. Sie verstehen nicht, warum es sich um eine so lebensnotwendige Sache für die Entwicklung des Junghundes handelt.

Neuere Forschungen zum Hundeverhalten haben klar herausgestellt, dass der optimale Zeitraum zur erfolgreichen Gewöhnung an neue optische und akustische Reize, Erfahrungen oder Ereignisse innerhalb der ersten vierzehn Lebenswochen liegt. Wenn der kleine Hund während dieser Zeit sorgfältig mit den neuen, aufregenden Reizen bekannt gemacht und niemals verängstigt wird, stehen die Chancen sehr gut, dass er all diese Dinge später als ganz normalen Teil des Lebens ansieht.

Nach Ablauf der ersten vierzehn Wochen nimmt die Wahrscheinlichkeit dafür ab und das Risiko, dass Angstreaktionen auf neue Anblicke, Geräusche oder Erfahrungen das ganze Leben lang bestehen bleiben, steigt.

Bei Collies mit ihrer hohen, rassetypischen Sensibilität kann die Sozialisation im Hinblick auf neue Erfahrungen selten zu früh beginnen. Leider ist es nicht übertrieben zu sagen, dass fehlende Sozialisation und falsche Behandlung im Welpenalter der Hauptgrund dafür sind, wenn Collies später zu schwierigen Problemhunden werden.

Es gibt immer Colliewelpen, die von Natur aus unkomplizierter sind als andere. Manche reagieren stärker auf neue (und potenziell bedrohliche) Anblicke, Geräusche und Erfahrungen. Als frisch gebackener Besitzer eines Colliewelpen sollte Ihr Hauptanliegen sein, ihn mit so vielen neuen Erfahrungen wie möglich zu konfrontieren, ohne ihn dabei jemals zu stark zu ängstigen und eventuell den Grundstein für spätere Probleme zu legen.

Beginnen Sie damit so früh wie möglich. Die vollständige Integration in die Außenwelt kann aber erst dann stattfinden, wenn die Grundimpfungen Ihres Junghundes abgeschlossen sind. Man beginnt in der Regel im Alter von acht Wochen mit der ersten Impfungen. Ihr Tierarzt kann Ihnen nähere Auskunft geben, ab wann Ihr Hund vollen Impfschutz besitzt. Sie können ihn aber unterdessen schon einmal auf dem Arm mit nach draußen nehmen und ihn mit dem Anblick und den Geräuschen von Autos, Zügen, anderen Menschen, Kindern und anderen Tieren vertraut machen. Dinge, die uns vollkommen normal erscheinen wie z.B. Menschen mit Hut, Pferde, Hupen, LKWs oder Baustellen können auf einen unerfahrenen Welpen extrem belastend wirken.

Wenn Ihr Welpe mit all diesen Erfahrungen konfrontiert wird, ist das Wichtigste dabei, dass sich keine Angstreaktion festsetzt. Unsere natürliche Reaktion auf einen ängstlich wirkenden Welpen ist, beruhigend auf ihn einzureden, aber leider vermitteln wir ihm damit meistens die Überzeugung, dass es richtig war Angst zu haben und dass wir ihn dafür belohnen.

Viel besser ist es, jedes an Angst erinnernde Verhalten einfach zu ignorieren und sich stattdessen weiterhin unbekümmert zu benehmen. Lenken Sie ihn mit einem Spielzeug oder Leckerbissen von der Ursache seiner Angst ab. Beschäftigen Sie ihn mit etwas Angenehmem und machen Sie klar, dass Sie völlig unbeeindruckt von der vermeintlichen Gefahrenquelle bleiben. Bestärkt durch ein schönes Spiel oder eine Futterbelohnung wird sich der Welpe schon bald Ihnen anschließen.

Leider wird oft erst später im Leben des Hundes klar, wie wichtig die Frühsozialisation im Welpenalter ist. Einem Hund, der die Benimmregeln für den normalen Umgang mit anderen Hunden nicht gelernt hat, bleibt nicht nur der Spielspaß und das unbeschwerte Zusammensein mit anderen verwehrt, sondern er wird auch selbst viel eher angegriffen oder in Raufereien verwickelt. Das liegt darin, dass er nicht weiß, wie man bei einer Begegnung mit einem höherrangigen Hund mit der eigenen Körpersprache angemessen reagiert, was der höherrangige Hund durchaus als Herausforderung verstehen kann.

Die meisten erwachsenen Hunde sind Welpen gegenüber recht tolerant, machen aber gleichzeitig auch klar, wann ihnen das Verhalten des Welpen zu respektlos oder lästig wird. Welpen können von erwachsenen Hunden sehr viel über akzeptables Verhalten lernen. Lassen Sie sie lernen! Greifen Sie nicht jedesmal ein, wenn ein erwachsener Hund Ihren Welpen in irgendeiner Form straft, es sei denn, er sieht (was selten vorkommt) tatsächlich gefährlich aggressiv aus. Je älter der Welpe wird, desto weniger tolerant werden die erwachsenen Hunde gegenüber »albernem« und »lästigen« Verhalten. Mit der Zeit lernt der Hunde-Teenager, dass er, wenn er in einer »Hundeclique« akzeptiert sein möchte, die Ordnung und Regeln dieser Clique anerkennen muss - oder er wird ausgestoßen und ignoriert.

Welpenspielgruppen, in denen nur Welpen miteinander spielen und umgehen, sind ebenfalls eine sinnvolle Sache. Viele Hundehalter wechseln später aus ihnen in normale Hundeschulkurse. Vielleicht kann Ihnen der Tierarzt für beides Anlaufstellen in der Umgebung nennen.

Noch einmal zusammengefasst bedeutet gute Frühsozialisation, dass Sie dem Welpen die besten Voraussetzungen dafür schaffen, später ausgeglichen und selbstbewusst zu sein. Hat ein Hund erst einmal das Vertrauen entwickelt, bei der Begegnung mit neuen Menschen, Hunden oder Erfahrungen keine Angst zu haben, verspürt er auch nicht den Drang, auf die vermeintliche Bedrohung zu reagieren - was in vielen Fällen Aggression bedeuten würde.

Collies als Rasse gebrauchen eher defensive als offensive Aggression - mit Ausnahme der Situationen, in denen sie auf den Jagd- oder Beutetrieb reagieren. Das bedeutet, dass ihre Aggression häufig von jemand oder etwas ausgelöst wird, das sie in der Vergangenheit einmal sehr erschreckt oder bedroht hat. Wenn sie dann beim nächsten Mal in eine Situation kommen oder Menschen begegnen, die sie an ein solches früheres Erlebnis erinnern, ist es wahrscheinlich, dass sie ihr Heil in der Flucht nach vorn, also im vorbeugenden Angriff suchen. Mehr über Aggression bei Collies wird später noch in diesem Buch zu lesen sein.

Die beiden anderen Haupterfahrungen, die Ihr Welpe noch während seiner Sozialisationsphase zu machen hat, sind ein Besuch beim Tierarzt und eine Autofahrt. Ein Tierarztbesuch mit dem Welpen ist immer eine gute Idee, um einen kompletten Gesundheitscheck machen zu lassen und die Impf- bzw. Entwurmungstermine zu besprechen. In der Regel beginnt man mit der ersten Impfung im Alter von acht Wochen. Die erste Entwurmung findet im Alter von drei Wochen statt und wird erst vierzehntägig und bis zum Alter von einem halben Jahr monatlich wiederholt. Ab dann reichen halbjährliche Entwurmungen.

Schlafenszeit

Die meisten Welpenbesitzer werden Ihnen berichten, dass die ersten gemeinsam mit ihrem neuen Schützling verbrachten Nächte die schwierigsten waren. Stellen Sie sich vor, wie sich der Welpe fühlen muss. Er hat eine wunderbar sichere Umgebung, den Schutz seiner Mutter und die Gesellschaft seiner Wurfgeschwister verlassen, um nun mit Fremden in fremder Umgebung allein auf sich gestellt zu sein. Es ist ganz normal, dass er sich unsicher und ängstlich fühlen wird.

Die Meinungen darüber, wo der Welpe seine erste Nacht verbringen sollte, gehen auseinander. Oft wird heute die Ansicht vertreten, dass die traditionelle Methode zu hart sei, nach der man den Welpen in einem Raum alleine lässt und sein Wimmern und Winseln ignoriert. Stattdessen solle der Welpe die ersten ein oder zwei Nächte in einer Kiste oder im Käfig in Ihrem Schlafzimmer verbringen; die Kiste könne man dann allmählich immer weiter weg und aus dem Raum hinaus verschieben.

Das Problem bei Welpen, die ein oder zwei Nächte im Schlafzimmer verbracht haben, ist aber folgendes: Sie möchten diese Gewohnheit gerne beibehalten und nehmen es nicht immer leicht hin, woanders hin verschoben zu werden - genauso viel oder sogar noch mehr Wimmern und Winseln sind die Folge. Was also hat man damit erreicht?

Der Wechsel aus dem Rudel zum Alleinsein ist für einen Welpen niemals leicht. Der Unterschied zwischen einem Welpen, der ab dem ersten Tag alleine in einem Raum geschlafen hat und einem, der aus dem Schlafzimmer woanders hin umziehen musste ist der, dass ersterer keine Erinnerung an etwas Besseres hat und nicht erwartet, mit Hilfe von viel Protest dorthin zurückgelangen zu können. Wenn man einen Colliewelpen von Anfang an alleine schlafen lässt und die Umstände so gut wie möglich gestaltet - Wärmflasche, weiche Kuscheldecke und Spielzeug - beruhigt er sich nach anfänglichem, vollkommen verständlichem Wimmern recht schnell. Sie sind nicht »herzlos«, wenn Sie dieses Wimmern ignorieren, sondern Sie gewöhnen den Hund so früh wie möglich daran, mit dem Alleinsein zurechtzukommen - bevor andere, verwirrende Erfahrungen gemacht werden.

Natürlich ist die Entscheidung, wo der Welpe die ersten Nächte verbringen soll, letztendlich Sache der Besitzer. Aber bedenken Sie, dass Collies gerne die Rangordnung hinterfragen, wenn sie ein bestimmtes, liebgewonnenes Privileg behalten möchten und dass sie gerne Grauzonen in der menschlichen Führung ausnutzen, die sie mit Protest oder List zu ihrem eigenen Vorteil ausnutzen können. Oft sind Collies mit den größten Dominanz- und/oder Trennungsangstproblemen genau diejenigen, die lange das Privileg des Übernachtens im Schlafzimmer neben ihren Besitzern genießen durften.

Ich selbst würde Collies nur ausnahmsweise dann ins Schlafzimmer lassen, wenn sie krank sind und beobachtet werden müssen oder bei alten Hunden. Bewährte und sich gesittet benehmende alte Kumpel verdienen etwas mehr Komfort und Zuwendung. In allen anderen Fällen bleibe ich bei meiner Überzeugung, dass unten in Küche oder Flur der beste und einzige Platz ist, an dem der Collie die Nacht verbringen sollte.

Hausregeln

Wo der Welpe schläft, ist eine der ersten grundlegenden Hausregeln, die Sie bei seiner Ankunft aufstellen müssen. Von Anfang an muss er seinen Platz in der Familie kennen lernen, der in der Rangordnung unter allen anderen Familienmitgliedern liegt und er muss zwischen akzeptablem und inakzeptablem Verhalten unterscheiden lernen. Diese Regeln müssen konsequent von allen befolgt werden. Hier sind ein paar der wichtigsten Regeln zusammengefasst:

Der Welpe schläft immer auf seinem eigenen Schlafplatz.

Der Welpe hat nur zu bestimmten Räumen Zugang.

Der Welpe frisst erst dann, wenn die Menschen fertig gegessen haben.

Der Welpe verteidigt niemals erfolgreich Spielsachen oder erbeutete Gegenstände.

Sie beginnen und beenden jedes Spiel.

Der Welpe kaut nur an seinen Kauspielzeugen und das nur auf seinem Platz.

Der Welpe darf nicht mit den Zähnen nach Menschen greifen oder gar beißen. Passiert das doch, nehmen Sie Ihre Hand weg, schreien Sie »Aua!« oder »Nein!« und ignorieren Sie ihn eine Zeit lang, um Ihr Missfallen auszudrücken. Bei »Nein!« sollte der Welpe damit aufhören, was er gerade tut.

Bestärkung

Bedenken Sie aber auch, dass das Leben eines jungen Hundes nicht nur voll von Negativem sein sollte. Achten Sie darauf, ihn sofort und überschwänglich zu loben, wenn er etwas Richtiges tut. Lob für etwas Richtiges muss genauso wie das »Nein!« für etwas Falsches innerhalb von Sekundenbruchteilen auf die Handlung folgen, anderenfalls kann der Junghund keine Verbindung zwischen dem, was er getan hat und dem Richtig oder Falsch herstellen.

Ein Junghund darf nie körperlich bestraft werden, egal wie ärgerlich sein Verhalten war. Welpen und Junghunde tun entgegen der seltsamen Auffassung mancher Hundebesitzer für uns ärgerliche Dinge nicht »aus Absicht«, um uns zu reizen oder uns auf die Nerven zu gehen. Sie tun es, weil sie junge Hunde sind und es nicht besser wissen.

Der sicherste Weg, um das Vertrauen eines Welpen in sich selbst und in Sie zu zerstören und ihn zu einem unsicheren, »schwierigen« erwachsenen Hund zu machen, ist, seine ersten Lebenswochen mit dauernden Beschimpfungen und Bestrafungen zu belasten. So aufgezogene Collies werden oft zu gestressten Erwachsenen, denen das lebensnotwendige Vertrauen fehlt, um in Denken, Reaktion und Leistung ihr Bestes zu zeigen.

Beim Großziehen Ihres Border Collies sollten Sie mehr und mehr das hervorheben, was er richtig macht. Wenn er sich auf Ihren Wunsch hin setzt, zu Ihnen kommt oder einen Gegenstand hergibt, dann machen Sie wirklich ein großes Aufhebens darum und zeigen Sie dem Hund, wie sehr Sie sich freuen. Tut er hingegen etwas Falsches, widmen Sie dem möglichst wenig Aufmerksamkeit, es sei denn, seine Handlung (z.B. Schnappen) erfordert eine schnelle Reaktion Ihrerseits und Therapie in Form eines »Nein«. Das »Nein« sollte aber nur für die schlimmsten und gefährlichsten Unarten aufgehoben werden, da seine Bedeutung sich sonst allzu schnell abnutzt.

Hunde sind von Natur aus sozial sehr kooperative Tiere. Die meisten Junghunde möchten gerne gefallen. Mit Hilfe der oben beschriebenen Taktik lernen sie schnell, dass die »richtigen« Handlungen sich für sie weit mehr lohnen als die »falschen«. Auf diese Weise wird der Hund nicht in eine Entscheidung gezwungen, sondern trifft sie sozusagen selbst - wenn auch unbewusst. Sein Selbstvertrauen und das Vertrauen in Sie bleiben so erhalten. Der beste Colliehalter auf der Welt ist sicherlich der, der gelernt hat, wie man seinem Hund das Gefühl vermitteln kann, immer das Richtige zu tun.

Ernährung

Wenn ein junger Hund in sein neues Zuhause kommt, ist anfänglicher leichter Durchfall aufgrund der Aufregung fast die Regel. Manchmal ist der Grund allerdings auch ein zu plötzlicher Futterwechsel. Damit Ihnen das nicht passiert, ist es besser, dem Junghund vorerst das zu geben, was er auch vorher bekommen hat oder was der Züchter empfiehlt.

Wenn der Durchfall trotz dieser Maßnahme anhält, geben Sie dem Hund vierundzwanzig Stunden lang nichts außer abgekochtem kalten Wasser und anschließend etwas Leichtes wie Hühnchen mit Reis oder Rührei, bevor Sie wieder allmählich zur normalen Fütterung übergehen. Dies reicht im Allgemeinen zur Problembehebung. Hält der Durchfall trotzdem weiterhin an, müssen Sie den Tierarzt konsultieren.

Ihr Junghund braucht bis zum Alter von drei oder vier Monaten etwa vier Mahlzeiten pro Tag, danach bis zum Alter von fünf oder sechs Monaten noch drei Mahlzeiten und später nur noch zwei. Viele erwachsene Hunde werden auch nur einmal am Tag gefüttert, das ist eine Frage der persönlichen Vorlieben und dessen, was dem Hund am besten bekommt. Ich persönlich füttere lieber in zwei Mahlzeiten pro Tag, besonders bei älteren Hunden, da so das Verdauungssystem weniger belastet wird. Bei Hunden ist es völlig normal, dass sie hin und wieder eine Mahlzeit stehen lassen, um ihrem Magen eine Ruhepause zu gönnen. Solange sie nicht für längere Zeit das Futter verweigern oder weitere Symptome wie Durchfall oder Erbrechen zeigen, ist dies keinerlei Anlass zur Besorgnis.

Denken Sie auch daran, dass Hunde von Natur aus Konkurrenzfresser sind. In der Wildnis würde das ganze Rudel über eine Beute herfallen und jedes Einzeltier würde versuchen, sich seinen Anteil zu sichern. Aus diesem Grund und weil der Welpe daran gewohnt war, sich mit seinen Wurfgeschwistern um das Fressen zu streiten, frisst er möglicherweise während der ersten Tage allein mit Ihnen nicht so gut. Die Situation normalisiert sich in der Regel von selbst, aber auch hier müssen Sie mit dem Hund zum Tierarzt, wenn er sein Futter für längere Zeit verweigert.

Heutzutage gibt es eine verwirrende Vielfalt von Spezialfuttermitteln für heranwachsende Hunde auf dem Markt. Vielleicht hat Ihnen der Züchter eine ganz bestimmte Marke empfohlen und Sie tendieren eher zu einer anderen. Nehmen Sie jede Futterumstellung langsam vor. Um herauszufinden, welches Futter Ihrem Junghund am besten bekommt und womit er am besten gedeiht, muss man letzten Endes auf das Prinzip Versuch und Irrtum zurückgreifen. Mischen Sie aber (außer während der Umstellungsphase auf neues Futter) keine zwei Fertigfutter, sonst könnte es sein, dass Ihr Hund entweder zu viel oder zu wenig eines bestimmten Vitamins oder Minerals erhält und dass seine Ernährung nicht ausgewogen ist.

Fellpflege

Bei einem Junghund ist regelmäßige Fellpflege aus zwei Gründen wichtig: Zum einen können Sie dabei Haut und Fell auf Verletzungen, Schwellungen, Knoten, Parasiten und ähnliches kontrollieren und zum zweiten gewöhnt sich der Hund daran, überall angefasst zu werden.

Schauen Sie jeden Tag in die Ohren, die vielleicht mit einer speziellen Ohrlotion und einem weichen Tuch gereinigt werden müssen. Geben Sie dabei Acht, dass Sie nichts in den Gehörgang hineinschieben. Schauen Sie auch in Fang und Rachen, unter die Pfoten und auf die Krallen und überprüfen Sie Augen auf Tränen oder sonstigen Ausfluss. Bürsten Sie den Hund am ganzen Körper.

Wenn Sie schon im Welpenalter damit beginnen, zeigt Ihr Hund vermutlich auch im Erwachsenenalter viel weniger Widerstand gegen das Angefasstwerden. Außerdem ist es auch eine gute Idee, die Zähne Ihres Junghundes zwei- oder dreimal pro Woche mit einer weichen Zahnbürste und etwas in warmem Wasser aufgelösten Natronpulver zu reinigen.

Wenn Hunde es nicht vom Welpenalter an gewohnt sind, dass man häufig an ihren Zähnen hantiert, machen sie später dabei oft handfeste Schwierigkeiten. Da heutzutage etwa 80% aller Katzen und Hunde unter irgendeiner Form der Zahnfleischerkrankung leiden, kann der Wert einer frühzeitig einsetzenden Zahnhygiene bei Haustieren gar nicht überschätzt werden.

Gewöhnung an Halsband und Leine

Gewöhnen Sie Ihren Junghund schon früh an das Tragen eines weichen, bequemen Halsbandes und anschließend an die Leine. Beginnen Sie aber keinesfalls sofort damit, ihn an dieser Leine durch Haus oder Garten zu zerren und achten Sie darauf, dass es auch sonst niemand tut. Der Junghund muss sich allmählich an das Gefühl von Halsband und Leine gewöhnen und darf beides nicht als plötzliches und erschreckendes Folterinstrument empfinden. Oft sind Führgeschirre besser geeignet, da sie den Halsbereich weniger belasten.

Lassen Sie den Junghund zunächst für eine Weile mit lose nachschleppender Leine umherlaufen. Bleiben Sie aber unbedingt dabei und geben Sie Acht, dass er sich damit nirgends verfangen kann. Nehmen Sie dann lockeren Kontakt über die Leine auf und locken Sie den Junghund mit einer Futterbelohnung in der Hand zu sich hin. Ziehen Sie ihn nicht an der Leine zu sich und lassen Sie ihn auch nicht vorneweg ziehen. Üben Sie das wiederholt in kurzen Zeiteinheiten und belohnen Sie Ihren Hund, wenn er seine Sache gut macht. Haben Sie Geduld! Sie fänden es sicherlich auch nicht angenehm, am Hals durch die Gegend gezogen und dabei angeschrien zu werden - Ihrem Junghund geht es nicht anders.

Nun ist es auch an der Zeit, für eine Identifiaktionsmöglichkeit des Hundes mittels Plakette, Mikrochip oder Tätowierung zu sorgen.

Gewöhnung ans Autofahren

Wie bereits erwähnt, sollte der Junghund möglichst früh ans Autofahren gewöhnt werden. Beginnen Sie mit Kurztrips von fünf Minuten Länge und steigern Sie diese allmählich. Anfangs sollten diese Fahrten zuhause beginnen und enden. Setzt sich beim Junghund erst einmal die Erwartung fest, dass eine Autofahrt immer zu neuen und aufregenden Zielen führt, ist die Wahrscheinlichkeit höher, dass er sich übermäßig aufregt oder dass er unter Übelkeit leiden wird. Aus gleichem Grund sollten Sie ihm auch nicht vermitteln, dass Autofahrten immer zum Tierarzt führen. Machen Sie also ganz verschiedene Fahrten. Steuern Sie manchmal neue und spannende Ziele an, fahren Sie manchmal nur einmal rund um den Block und manchmal in der Tat auch zum Tierarzt. Wenn der Junghund nicht weiß, wohin die Reise diesmal geht, wird er sich vorher auch nicht aufregen. Bei Colliewelpen ist es außerdem grundlegend wichtig, von Anfang an das Springen gegen die Innenseite der Autoscheiben und Verbellen vorbeiziehenden Verkehrs zu unterbinden, da diese Angewohnheit für den Fahrer sehr ablenkend und gefährlich werden kann.

Sobald Ihr Hund das tut, halten Sie sofort an und befehlen Sie ihn ins Platz. Machen Sie das jedesmal, wenn er am Fenster hochzuspringen versucht. Nutzt dies nichts, müssen Sie ihn eventuell so lange, bis er die Angewohnheit unterlässt, im Fußraum des Autos anbinden oder in einer speziellen Transportbox mit Abdeckung transportieren, aus der er den vorbeiziehenden Verkehr nicht sehen kann.

Junge Hunde und Kinder

Obwohl junge Hunde unglaublich aktive Wesen sind, brauchen sie doch genügend stressfreie Ruhezeiten, um sich gesund entwickeln zu können. Achten Sie darauf, dass Kinder (oder andere Personen) den Hund während der ersten Wochen und Monate nicht überreizen oder Spiele beginnen, die zum Beißen provozieren könnten. Kinder müssen lernen, dass Hundewelpen keine Spielzeuge sind. Das Ruhebedürfnis des kleinen Hundes beim Fressen und Schlafen muss akzeptiert werden. Kinder sollten in alle Aspekte der Hundeaufzucht so weit wie möglich mit eingebunden werden, ohne von ihnen zu erwarten, dass sie bereits volle Verantwortung übernehmen könnten. Wie wir im nächsten Kapitel noch sehen werden, sind junge Hunde ein echtes Familienprojekt.

Kapitel 5

DER HERANWACHSENDE COLLIE

Früherziehung zum Familienhund

Während der ersten Monate wächst Ihr Collie schnell, sein Verstand saugt neue Erfahrungen und Anblicke wie ein Schwamm auf. Er beginnt nun, einige oder alle der typischen Arbeits-Verhaltensweisen von Collies wie Anstarren, Hüten oder Jagen zu zeigen, was im häuslichen Umfeld für eine mit der Rasse unerfahrene Person wie ein Schock kommen kann.

Einem Hund mit der geistigen und körperlichen Energie des Border Collie nie eine Chance zum positiven Abreagieren dieser Energien zu geben, wäre im höchsten Maße unfair. Trotzdem wird es auch Momente geben, in denen die stürmischen Triebe eines jungen Collies unangemessen sind und korrigiert werden müssen. Sie können sich keinen Hund erlauben, der ständig Kleinkinder durch den Garten jagt, jedes sich bewegende Elektrogerät attackiert und jedem vorbeifahrenden Fahrrad oder Auto nachsetzt. Das wäre nicht nur sehr gefährlich, sondern vermittelt auch, dass der Hund der Handlungsbestimmende ist und nicht Sie.

Colliehalter können gar nicht früh genug damit anfangen, Kontrolle über ihren Hund auszuüben. Hat der Hund erst einmal die Welpenzeit hinter sich gelassen, wird er ständig seine Grenzen daraufhin ausloten, was er sich erlauben kann und was nicht. Sobald die Geschlechtshormone im Körper aktiv werden, können junge Hunde genau wie menschliche Teenager recht schwierig werden. Noch schwieriger aber werden sie, wenn sie diese Lebensphase erreichen, ohne dass ihr Verhalten bis dahin jemals kontrolliert wurde und ohne dass sie Herausforderungen zu bestehen hatten. Es ist viel schwieriger, ein unerwünschtes Verhalten zu korrigieren anstatt es schon im Entstehen zu verhindern.

Konsequenz ist eine Kunst

Die meisten Menschen und Hundebesitzer haben eine Schwäche - sie sind inkonsequent. Je nach Laune erlauben wir einem Hund heute etwas, das wir ihm morgen verbieten. Hunde verstehen so etwas anders als wir es tun würden. Für sie kann es bedeuten, dass der »Rudelführer« angreifbar ist. Die erste Grundregel für den Umgang mit dem Collie lautet deshalb: Seien Sie in allen Handlungen und Kommandos Ihrem Hund gegenüber konsequent, so hart das auch manchmal erscheinen mag. Es wird sich auszahlen.

Sie sollten Ihrem Hund nie erlauben, sich vor Ihnen durch Türen und Tore zu drängen, weder an- noch abgeleint. Auf Spaziergängen darf er sich nie zu weit von Ihnen entfernen. Bringen Sie Ihrem Collie von klein auf bei, nach Ihnen durch die Tür zu gehen und zu kommen, wenn Sie rufen.

Erziehung, »Ungehorsam« und das Colliewesen

Bevor wir uns einzelne Kommandos oder Lektionen ansehen, die Sie Ihrem Collie beibringen können, ist es wichtig zu verstehen, dass sich bei der Erziehung in jeder Hinsicht alles darum dreht, wie gut oder schlecht Sie sich auf die Mentalität des Hundes einstellen können, der gerade Ihr »Schüler« ist.

Da von Collies häufig »kluges Handeln« bei der Arbeit oder im Wettkampf berichtet wird, hat sich die allgemeine Überzeugung festgesetzt, sie seien »leicht zu erziehen«. Das ist allerdings nicht immer richtig. Collies lernen vor allem sehr schnell - was manchmal im Hinblick auf die Erziehung sowohl ein Vor- als auch ein Nachteil sein kann. Sie beginnen schnell, Kommandos vorauszuahnen und vorwegzunehmen, die Sie gleich geben wollten oder - was schlimmer ist - schlechte Angewohnheiten oder »falsche« Reaktionen genauso schnell und effektiv zu lernen wie richtiges bzw. erwünschtes Verhalten.

So ist es beispielsweise unglaublich einfach, einem Collie Ungehorsam »beizubringen«. Alles was Sie dazu tun müssen ist, Ihrem Hund möglichst viel Aufmerksamkeit - im Form von Rufen, Bitten, Gestikulieren etc. - zu schenken, wenn er Ihren Aufforderungen nicht schnell genug nachkommt und sein gutes oder richtiges Verhalten als selbstverständlich kommentarlos hinzunehmen. Um dies zu vermeiden, müssen Sie Ihren Collie immer ausgiebig genau in dem Moment loben, in dem er etwas Richtiges tut. Weniger erwünschte Verhaltensweisen machen Sie einfach für den Hund unattraktiv, indem Sie ihnen vergleichsweise wenig Aufmerksamkeit schenken.

Die meisten Collies reagieren gut auf ruhige, klare und autoritäre Kommandos. Auf Grund ihrer natürlichen Sensibilität sind sie schnell gestresst oder entmutigt, wenn man sie anschreit oder in irgendeiner Form grob zu ihnen ist - sei es mit Worten oder Handlungen. Wenn Ihnen bei der Erziehung Ihres Collies oder dem Versuch, ihn ein bestimmtes Kommando zu lehren, der Geduldsfaden reißt und Sie die Beherrschung verlieren, kann das recht üble Konsequenzen haben. Um ihr Bestes leisten zu können, müssen Collies Vertrauen in sich selbst und in ihren Besitzer bzw. die Person haben, die mit ihnen umgeht. Wenn Sie diese wichtigen Dinge untergraben, indem Sie grob, ungeduldig oder nachtragend bei der Erziehung Ihres Collies sind, könnte am Ende dabei ein Hund herauskommen, der Ihnen nicht mehr so gut oder bereitwillig gehorcht. In einer solchen Situation halten Sie Ihren Hund möglicherweise für ungehorsam, dabei ist er aber in Wirklichkeit nur von totaler Versagensangst gelähmt. Er erwartet, dass auf seine Handlungen Ärger und Tadel von Ihrer Seite folgen. Anders gesagt, er möchte gar nicht mehr versuchen, Ihren Wünschen nachzukommen, aus Angst vor den Konsequenzen, wenn er etwas falsch macht.

Die Erziehung eines jeden Hundes erfordert viel Geduld - und die nötige Gelassenheit, um den Hund auch einmal etwas »falsch« machen zu lassen, ohne unangenehme Konsequenzen oder gar Bedrohungen für den Hund daraus erwachsen zu lassen. So bleiben sein Selbstvertrauen und das Vertrauen in Sie erhalten, genauso wie die Motivation, es immer wieder zu versuchen, bis er es letzten Endes richtig macht. Und seien Sie sicher, dass Ihr Collie genau das auch tun wird, solange Sie geduldig sind, Ihre Kommandos sehr klar machen und die Übungseinheiten kurz und mit Hilfe von Spielzeugen, Futterbelohnung, viel Lob etc. angenehm gestalten, anstatt ein unterdrückendes Regime zu führen.

Wenn Sie doch während der Erziehung Ihres Collies einmal die Geduld verloren haben sollten, hier einige Maßnahmen zur »Schadensbegrenzung«, die Sie ergreifen können:

- **»Entschuldigen« Sie sich sofort und mit viel Aufhebens bei Ihrem Hund - je schneller Sie das nach einer Verletzung seines Vertrauens oder Stolzes tun, umso besser. Collies wissen diese Geste tatsächlich zu deuten und zu schätzen, wenn sie zum richtigen Zeitpunkt kommt.**
- **Sorgen Sie für bessere Laune und nehmen Sie ein Spielzeug zur Hand, mit dem der Hund und Sie gemeinsam spielen können.**
- **Haben Sie Spaß mit dem Hund, loben Sie ihn überschwänglich.**
- **Befehlen Sie Ihrem Hund sanft »Sitz und Bleib«, während Sie von ihm weggehen. Rufen Sie ihn dann enthusiastisch zu sich. Je schneller und begeisterter er ohne Anzeichen von Angst oder Zögern zu Ihnen kommt, desto wahrscheinlicher ist es, dass er Ihnen »verziehen« und sein Vertrauen wiedergefunden hat.**

- **Wenn er merklich zögert oder ausweicht, müssen Sie daran arbeiten, sein Vertrauen wiederzugewinnen. Loben Sie ihn überschwänglich beim kleinsten Anzeichen von Kooperation, beschäftigen Sie ihn danach sofort wieder mit einem begeisterten Spiel und sorgen Sie dafür, dass in der Erziehung künftig weniger Druck und Konfrontation herrschen.**

All das kann aber nur optimal funktionieren, wenn Sie wirklich nur ganz selten grob zu Ihrem Hund waren oder noch nie zuvor die Geduld mit ihm verloren haben. Sie können nicht andauernd einen rauen Umgangston mit Ihrem Hund pflegen und ihn dann plötzlich bitten, Ihnen wieder zu »vertrauen«, ohne bei ihm Unsicherheit und Zweifel hervorzurufen - was auf lange Sicht dem Erfolg Ihrer Erziehung nicht dienlich ist. Vergessen Sie nie, dass Collies sehr sensible und intuitive Hunde sind, deren Persönlichkeit durch grobe Behandlung rasch zerstört werden kann. Durch ständiges Anbrüllen oder Schlagen verschaffen Sie sich nicht den Respekt Ihres Hundes, sondern lediglich Unsicherheit und Angst. Sie machen sich so auch nicht zum guten »Rudelführer«, sondern nur zu einem Grobian, der nicht in der Lage ist, auf intelligentere oder effektivere Weise mit seinem Hund zu kommunizieren.

Von diesen Überlegungen einmal abgesehen können manche Collies auch »ungehorsam« oder »unkooperativ« erscheinen, wenn sie lediglich unter Stress stehen (siehe Kapitel 7) und sich deshalb nicht konzentrieren können oder weil ihnen Vertrauen in die bzw. Respekt vor der Autorität ihres Besitzers fehlt. Ist letzteres der Fall, kann Ihnen ein guter Hundetrainer (am besten einer mit viel Collie-Erfahrung) helfen, diese Hürde zu überwinden und bessere Erziehungsmethoden zu finden.

Schauen wir uns nun einmal einzelne Trainingslektionen etwas näher an:

Herankommen

Die meisten Colliebesitzer haben aus den gleichen Gründen Schwierigkeiten damit, ihren Hund per Zuruf zu sich zurückzubeordern. Zunächst bringen sie es ihnen nicht früh genug bei.

Wenn Sie es nicht schaffen, dass Ihr Junghund in häuslicher Umgebung auf Zuruf zu Ihnen kommt, sind die Chancen gering, dass er es später woanders tut, wenn er erst älter ist und von anderen Hunden, Gerüchen etc. abgelenkt wird. Der zweite Grund ist, dass viele Halter das gleiche Muster einreißen lassen: Weil es ermüdend ist, ständig hinter dem Hund herzulaufen und weil es keinen Spaß macht, ständig nach einem Hund zu brüllen, der einen völlig ignoriert, läuft der Hund letzten Endes weg wann es ihm passt und kommt auch nur dann zurück wann es ihm passt. Für den Hund ist das eine prima Sache, spricht aber nicht für einen Hundehalter, der das Ruder in der Hand hat.

Drittens wird man allzu leicht ärgerlich und frustriert, wenn der Hund wegläuft und Ewigkeiten lang nicht zurückkommt. Macht man dann den Fehler, ihn beim Zurückkommen anzuschreien oder sogar (wie man leider oft beobachten kann) zu schlagen, bestraft man ihn für sein Zurückkommen. Das Ergebnis ist, dass er sich beim nächsten Mal wahrscheinlich noch mehr Zeit lassen wird, bevor er zu Ihnen zurückkommt.

Viertens übersehen wir fast immer, wie wenig Anreiz und Motivation wir dem Hund draußen bieten, um zu uns zu kommen - wir sind langweilig, unattraktiv und sowieso immer da. Der Hund sieht uns jeden Tag rund um die Uhr. Es gibt nichts wirklich Neues oder Aufregendes an unserer Gesellschaft als solcher, verglichen mit all den anderen Ablenkungen und Vergnügungen, die einen Hund auf einem Spaziergang erwarten. Wir müssen also dem Hund ein paar Gründe dafür geben, warum er draußen schnell zu uns zurückkommen sollte.

Wie viele Halter rufen ihren Hund beim Spaziergang nur deshalb zu sich, um ihm die Leine anzulegen und ihn nach Hause zu führen? Warum sollte sich ein Hund mit dem Herkommen beeilen, wenn er erst einmal begriffen hat, dass Ihr »Hier« immer das Ende von Spiel, Spaß und Freiheit bedeutet? Was für einen Unterschied für die Qualität des Herankommens würde es machen, wenn Sie Ihren Hund auf Spaziergängen regelmäßig zu sich rufen würden, nur um ihn zu loben, ihm ein Leckerchen zu geben oder mit ihm zu spielen, bevor Sie ihn wieder in die Freiheit entlassen!

Viele Hundebesitzer machen draußen auch den Fehler, so lange zu warten, bis es ihrem Hund zu Kommen beliebt. Sie bleiben nach dem Rufen geduldig stehen, bis ihr Hund zu Ende geschnüffelt oder gespielt hat. Warum sollte sich ein solcher Hund mit dem Zurückkommen beeilen, wo der doch weiß, dass der Mensch immer brav wartet, bis er mit seinen Beschäftigungen fertig ist? Richtiger wäre also, dass der Mensch nicht nur entscheidet, dass es jetzt Zeit zum Gehen ist, sondern auch tatsächlich geht - und zwar schnell und mit dem Anschein besonderer Eile. So muss sich der Hund Gedanken darum machen, wo Sie sind anstatt umgekehrt!

Der Schlüssel zum guten Herankommen:

1. **Früh beginnen** und die Idee im Hundekopf verankern, dass es sich immer lohnt, zu Ihnen zu kommen, weil Lob, Leckerbissen oder ein Spiel warten.
2. **Lassen Sie Ihren Hund nie zu weit weg oder außer Kontrolle geraten.** Letzteres klingt sehr vereinfacht, aber die meisten Halter stellen fest, dass es eine kritische Distanz gibt, innerhalb derer ihr Hund noch auf sie hört und auf Rufen zurückkommt. Je nach individuellem Hund kann diese Distanz bis zu 20 Metern oder mehr betragen. Jenseits ihrer Grenzen scheint er für alle Kommandos taub zu sein. Offensichtlich macht es zur optimalen Kontrolle also Sinn, den Hund während des Spazierganges immer innerhalb dieser kritischen Zone zu behalten.
3. **Seien Sie Ihrem Hund draußen ein interessanterer und wichtigerer** Begleiter. Mit anderen Worten - geben Sie ihm echte Gründe, warum es immer gut, lohnenswert oder »vernünftig« ist, zu Ihnen zurückzukommen.

»Hier!« ist zusammen mit »Down«, »Bleib« und »Aus« eines der wichtigsten Kommandos, die Sie Ihrem Collie schon früh beibringen können. Nicht nur, um ihn unter Kontrolle zu behalten, sondern auch, um ihn vor Gefahren zu schützen.

Down!

»Down« und »Bleib« sind zwei der wichtigsten Kommandos, die Sie einem Collie beibringen können. Wieso? Der Unterschied zwischen einem Collie, der zuverlässig und innerhalb von Sekundenbruchteilen auf Kommando zu Boden geht und dort bleibt und einem ohne diese Fähigkeit ist vergleichbar mit einem Auto, das Bremspedal und Lenkrad besitzt und einem ohne beides.

Denken Sie einmal darüber nach. Wenn Sie Ihrem Hund beigebracht haben, sich dort, wo er gerade ist, sofort hinzulegen und dort zu bleiben bis Sie ihm etwas anderes sagen, können Sie ihn nicht nur davon abhalten, in eine Gefahr hineinzulaufen (z.B. auf eine belebte Straße), sondern Sie haben auch ein Mittel in der Hand, um ein unerwünschtes Verhalten wie z.B. das Jagen abzubrechen und die Aufmerksamkeit des Hundes auf sich zurückzulenken.

Das schnelle Zu-Boden-Gehen kann Teil des normalen Arbeitsbzw. Hüteverhaltens beim Collie sein, weshalb beim Lehren des entsprechenden Kommandos nicht zu hart vorgegangen werden sollte. Zu Beginn und beim Junghund gehen Sie einfach so vor:

Jedesmal wenn Sie sehen, dass Ihr Hund ganz zu Boden geht und nicht nur kauert, begleiten Sie seine Handlung mit dem Wort »Down!« und belohnen Sie ihn anschließend ausgiebig. Eine andere Methode zum Lehren von »Down!« ist, dem Hund ein Leckerchen vor die Nase zu halten wenn er sitzt, und die Hand mit dem Leckerchen langsam in Richtung Boden zu führen, sodass der Hund sich in Platz-Position begeben muss, um es zu bekommen. Sobald Ihr Hund verstanden hat, was »Down!« bedeutet, loben Sie ihn jedesmal ausgiebig für eine richtige Reaktion. Später belohnen Sie ihn nur noch dann mit Worten oder Futter, wenn er auch schnell auf Ihr Kommando reagiert.

Sinnvoll ist es auch, das Kommando »Down« mit einem Handzeichen zu verbinden - zum Beispiel einer Armbewegung in Richtung Boden mit nach unten zeigender Handfläche. So wird das Kommando aus der Entfernung viel klarer, und Sie können sich Ihrem Hund besser verständlich machen, wenn er in vielen Jahren vielleicht nicht mehr so gut hört.

Bleib!

Die meisten Collies verstehen das ziemlich schnell. Meistens ist es am besten, dieses Kommando an das »Down« anzuschließen, weil dann die Wahrscheinlichkeit geringer ist, dass der Hund ihnen automatisch schnell hinterher folgt. Es macht überhaupt keinen Sinn, »Bleib« zu kommandieren, wenn der Hund sich noch bewegt. Warten Sie, bis Sie rückwärts ein paar Schritte von Ihrem liegenden Hund weggegangen sind und er ruhig liegen geblieben ist, bevor Sie »Bleib!« sagen.

Auch dieses Kommando können Sie wieder mit einem Handzeichen unterstützen, zum Beispiel mit gerade vorgestrecktem Arm, Handfläche nach vorn in Richtung Hund. Strecken Sie Ihre Hand dabei aber nicht direkt über den Hundekopf, weil das aus Perspektive des Hundes leicht bedrohlich wirken kann.

Entfernen Sie sich zu Beginn nicht weit von Ihrem Hund und steigern Sie dann allmählich die Distanz. Achten Sie darauf, dass Sie zum Abschluss der Übung immer zum Hund zurückgehen, um ihn zu belohnen. Der Hund darf nie die Übung abbrechen und zu Ihnen kommen, wenn er genug vom »Bleiben« hat. »Bleib« muss auch »Bleib« bedeuten, und zwar so lange, bis Sie etwas anderes sagen. Es wäre aber unfair, den Hund zu lange in einer bestimmten Position zu lassen.

»Bleib«, »Down« und »Hier« sind Dinge, die Sie mit Ihrem heranwachsenden Collie regelmäßig üben sollten - allerdings nie so viel, dass Spaß und Motivation des Hundes nachlassen. Die Übungslektionen müssen kurz gehalten werden, Spaß machen und in einem Spiel oder Spaziergang enden. Auf keinen Fall dürfen sie zu stumpfsinnigen Unterdrückunsgprozeduren werden, vor denen Ihr Hund sich fürchtet.

Aus!

Das Kommando »Aus!« kann lebenswichtig werden, wenn Ihr Hund in die Gefahr kommt, etwas Gefährliches aufzuheben oder hineinzubeißen. Eine Methode zum Einüben ist, einen leeren Futternapf auf den Boden zu stellen und mit dem angeleinten Hund zu ihm hinzugehen. Sobald der Hund zum Futternapf schaut, ermuntern Sie ihn stattdessen, zu Ihnen aufzuschauen. Sagen Sie »Aus« und belohnen Sie ihn, falls er zu Ihnen schaut, mit etwas, das er besonders gerne mag. Ermuntern Sie dann den Hund, mit einem »Komm« zusammen mit Ihnen wegzugehen. Achten Sie darauf, dass er auch wirklich aus eigenem Antrieb mit Ihnen mitkommt und nicht nur an der Leine mitgezogen wird. Belohnen Sie ihn wieder für schnelles Mitkommen.

Im nächsten Schritt legen Sie ein nur mäßig verlockendes Futter in den Napf, zum Beispiel Mohrrüben und wiederholen die obige Übung. Anfangs muss das, was Sie als Belohnung in der Hand halten, immer leckerer sein als das im Futternapf. Wenn der Hund immer stärker darauf konditioniert ist, auszulassen und mit Ihnen wegzugehen, müssten Sie auch richtig leckeres Futter in den Napf legen und trotzdem den Hund dazu veranlassen können, mit Ihnen wegzugehen.

In guten Hundeschulen kann man Ihnen helfen, die Arbeit mit all diesen Kommandos zu verfeinern und Ihnen weitere Tipps geben. Vermutlich ist es Ihr Ziel, immer schnellere Reaktionen des Hundes auf Ihr Kommando zu erreichen. Oft kann man das fördern, indem man irgendwann nur noch die schnellste Reaktion auf ein Kommando belohnt und nicht mehr jede richtige.

Positive Bestärkung

Verinnerlichen Sie für die gesamte Hundeerziehung die Prinzipien und die Wichtigkeit der positiven Bestärkung. In anderen Worten:

Jedesmal, wenn Ihr Collie für die richtige Reaktion auf eine Aufforderung von Ihnen belohnt wird (sei es durch Leckerchen, Spielzeug oder begeistertes Lob), steigt seine Motivation, diese Handlung zu wiederholen. Wenn die gewünschten Handlungen konsequent, sofort und oft genug belohnt werden, wird der Hund bald aus freien Stücken anstatt aus Zwang Ihren Wünschen nachkommen.

Vorausschauendes Denken und Kontrolle

Gute Collieerziehung hat viel mit vorausschauendem Denken und dem Verständnis davon zu tun, welche Reize vermutlich Handlungen bei ihm auslösen werden. Mit Erfahrung und guter Beobachtung werden Sie mit der Zeit immer besser erkennen, wann der Jagd- oder Hütetrieb Ihres Hundes sich gleich Bahn bricht. Genau das ist der Moment, in dem Sie noch eingreifen und den Hund unter Kontrolle bringen können, wenn die Triebreaktion momentan nicht gewünscht ist. Das Eingreifen kann entweder mit Hilfe von Unterordnungskommandos wie »Down« oder »Bleib« geschehen oder indem man dem Hund alternativ etwas Besseres zu tun gibt. Unterbricht der Hund auf Ihr Kommando hin eine Jagd und legt sich, stellen Sie sicher, dass er das Lob auf das Hinlegen bezieht und nicht auf die vorangegangene Jagd.

Da viele Handlungen und Reaktionen bei Collies eher triebmäßig anstatt bewusst gesteuert oder gelernt sind, verringert sich mit regelmäßigem Training nicht notwendigerweise das starke Bedürfnis des Hundes, diese Triebe auszuleben. Wenn sie sehr stark sind, muss auch Ihr vorausschauendes Denken und Ihre Kontrollfähigkeit sehr stark sein. Denken Sie aber unbedingt daran, dass Sie im Gegenzug zu den unterdrückten Trieben Ihres Hundes unbedingt andere Ventile und Möglichkeiten für ihn schaffen müssen, um seine außergewöhnliche Energie loszuwerden. Anderenfalls haben Sie schon bald einen sehr frustrierten Hund!

Sie müssen auch lernen, wie man einen Hund mit genügend Autorität lenkt. Manchen von Natur aus nicht so entschlossenen Charakteren fällt das nicht immer leicht. Oft sind Hundebesitzer baff erstaunt, wenn ihr Hund in der Hundeschule auf das erste Wort des Trainers sofort hört, wo sie es doch gerade mit dem gleichen Kommando fünf Minuten lang erfolglos versucht haben. Hier sind keine magischen Fähigkeiten im Spiel. Es liegt einfach daran, dass der Trainer weiß, wie man seiner Stimme einen autoritären Klang gibt - und genau das können auch Sie üben.

Wenn Sie sich nach Hundeschulen oder Hundegruppen zur Erziehung Ihres Junghundes umsehen, werden Sie feststellen, dass nicht alle Gruppen von der Zusammenstellung her gleich gut geeignet sind. Manche sind zahlenmäßig zu groß oder enthalten ein oder zwei »Störenfriede«, die Lernfähigkeit und Konzentration aller anderen behindern. Anderswo werden vielleicht Strafmethoden praktiziert, die Sie nicht gutheißen können. Wenn Sie irgendwo sehen, dass Collies »zur Unterwerfung« am Nackenfell gepackt und so auf den Boden gedrückt werden, gehen Sie bitte woanders hin. Wir sollten das Mittelalter eigentlich hinter uns gelassen haben. So behandelt man keinen intelligenten und sensiblen Hund. Diese Art der Behandlung kann sogar sehr gefährlich werden, wenn man wenig Erfahrung mit der Rasse hat, weil der Hund versuchen könnte, sich zu rächen. Suchen Sie, bis Sie eine Hundeschule finden, die am besten zu Ihnen und Ihrem Collie passt.

Probleme während des Wachstums

Wenn Ihr Collie langsam das Erwachsenenalter erreicht, gibt es außer der Erziehung weitere Dinge, die Sie im Kopf behalten müssen. Vermutlich müssen Sie die Ernährung Ihres Hundes umstellen, um den steigenden Anforderungen von Wachstum und Energieverbrauch gerecht zu werden, aber tun Sie das immer mit Vorsicht.

Veterinärmedizinische Untersuchungen während der letzten Jahre haben ergeben, dass Futtermittel, die schnelles Wachstum bei Junghunden fördern sollen, Auswirkungen auf die Entwicklung der Knochen haben, die nicht immer gewünscht sind. Möglicherweise werden Gelenkprobleme wie Dysplasie der Hüftgelenke (HD) oder Osteochondrosis Dissecans (OCD) verschärft, von der meistens Ellbogen oder Schulter betroffen sind. Näheres dazu können Sie in Kapitel 9 lesen.

Viele führende Futtermittelhersteller sind sich inzwischen dieses Risikos bewusst und haben die Wachstums- oder Juniorfutter entsprechend angepasst. Vielleicht möchten Sie der Sache aber trotzdem genauer auf den Grund gehen - mit Hilfe Ihres Tierarztes oder eines Spezialisten für Hundeernährung - bevor Sie sich für ein bestimmtes Futter für Ihren Junghund entscheiden. Leider kommen heute sowohl HD als auch OCD innerhalb der Rasse vor. Die ersten Anzeichen dafür zeigen sich in der Regel erst beim erwachsenen Hund, und zwar durch deutlich wahrnehmbare Lahmheit und sichtliches Missbehagen in Vorder- oder Hinterläufen nach Belastung.

Beide Erkrankungen besitzen eine erbliche Komponente und können sich, von der Ernährung abgesehen, durch zu viel Bewegung beim noch jungen Hund mit nicht abgeschlossenem Knochenwachstum verschlimmern. Aus diesem Grund wird manchmal empfohlen, den Hund nur an der Leine zu führen, bis er mindestens sechs Monate alt ist. Überlastungen einzelner Gelenke können später im Leben zu Problemen führen, Arthritis inbegriffen.

Eine Frage des Geschlechtes

Mit dem Erwachsenwerden wird ein Collie natürlich auch geschlechtsreif, meist geschieht dies im Alter zwischen sechs und zwölf Monaten. Bei Rüden kann dies dazu führen, dass nun typisch »männliches« Verhalten wie Beinheben beim Urinieren oder Markieren des Territoriums gezeigt wird, bei Hündinnen kommt es zur ersten Hitze. Die Natur hat es so eingerichtet, dass Hunde sehr erfindungsreich und anpassungsfähig hinsichtlich der Partnerwahl sind, wenn sich Notwendigkeit und Gelegenheit ergeben. Die hohe Zahl von Colliemischlingen auf der Welt verschafft uns eine Vorstellung davon, wie erfolgreich sie ihre Gene verbreiten - mit oder ohne Wissen des Besitzers. Wenn sie vom Fortpflanzungstrieb gepackt werden, können Collies mit ihrer Intelligenz und Beweglichkeit zu wahren Künstlern im Ausbrechen und »Entfesseln« werden!

Die Frage, ob der Hund kastriert oder sterilisiert werden soll und ob man züchten soll oder nicht, spaltet und bewegt viele Hundebesitzer. Denken Sie daran, dass Sie eine auf praktischen Überlegungen anstatt auf Emotionen beruhende Entscheidung treffen müssen. Wenn jeder Hundebesitzer, der der Meinung ist, sein Hund sei ein ganz besonders gutes Rasseexemplar, auch züchten würde, wären die Straßen kniehoch voll von überzähligen Nachkommen.

Ein unkastrierter Rüde neigt zum Streunen hinter Hündinnen, leidet regelmäßig unter sexueller Frustration und hat ein höheres Aggressionsniveau, insbesondere gegenüber anderen Rüden. Wird er älter, leidet er unter erhöhtem Risiko für Prostataprobleme, Hodenkrebs und anderen hormonell bedingte Gesundheitsstörungen.

Mit einer unkastrierten Hündin müssen Sie nicht nur regelmäßig die Schwierigkeiten und Unannehmlichkeiten der Hitze oder sogar ungewollter Schwangerschaften ertragen (die ohne ständige Überwachung mit Argusaugen nur zu leicht vorkommen), sondern auch hier bestehen beim Älterwerden Gesundheitsrisiken. Dazu gehört Gesäugekrebs, der letzten Endes tödlich sein kann, und eine potenziell lebensbedrohliche Erkrankung namens Pyometra. Dies ist eine Infektion der Gebärmutter, die meistens sechs bis acht Wochen nach einer Läufigkeit auftritt und oft unausweichlich eine komplette operative Entfernung von Gebärmutter und Eierstöcken erfordert, um das Leben der Hündin zu retten.

Hunde vermissen nicht, wie uns sentimentale Vorstellungen oft glauben machen, was sie niemals hatten (z.B. Welpen); genauso wenig realisieren sie, dass sie etwas früher Gewohntes nicht mehr haben (z.B. Fortpflanzungsorgane). Die Menschen zerbrechen sich über die ganze Frage des Kastrierens oder Nicht-Kastrierens den Kopf und leiden darunter, nicht die Hunde! Hunde halten sich nicht lange mit Philosophieren auf, sondern leben einfach ihr Leben weiter - was eine ihrer charmantesten Eigenschaften ist.

Da ich mir nur zu bewusst bin, wie viele unerwünschte Collies schon ein neues Zuhause suchen, tue ich mich sehr schwer damit, jemanden das Züchten zu empfehlen, wenn letzten Endes Verantwortungslosigkeit und falsche Sentimentalität dahinterstehen. Könnten Sie, was Wesen und Erbkrankheiten angeht, von beiden Eltern Ihrer geplanten Welpen eine vollständige genetische Ahnentafel schreiben? Wüssten Sie, was man im Fall einer schwierigen Geburt tut und wie man gesunde Welpen aufzieht? Hundezucht ist nichts für Unvorbereitete ohne das nötige Wissen.

Wenn Sie die Entscheidung getroffen haben, Ihren Rüden oder Ihre Hündin kastrieren zu lassen, gilt die nächste Überlegung dem optimalen Zeitpunkt dafür. Tierärzte sind in dieser Hinsicht oft sehr unterschiedlicher Meinung. Manche empfehlen den Eingriff im Alter von sechs Monaten, bevor hormonell gesteuerte Verhaltenskomponenten sich zu sehr einschleifen. Andere bevorzugen einen späteren Zeitpunkt, nachdem die Hormone in der Steuerung der vollen körperlichen Entwicklung beim Rüden ihren Dienst getan haben. Andere wiederum raten erst dann zu einem Eingriff, wenn die Hormone das Leben mit einem Rüden wirklich zur Hölle machen, weil er ständig markiert, aggressiv ist oder alle möglichen Gegenstände bespringt.

Manche Tierärzte kastrieren Hündinnen am liebsten vor ihrer ersten Hitze, andere (ebenfalls nach der Theorie, dass die körperliche Entwicklung erst voll abgeschlossen sein sollte) warten lieber, bis die erste Hitze vorüber ist. All dies muss sorgfältig abgewägt werden, damit Sie Ihre Entscheidung auf den Grundlagen von Praktikabilität, dem Besten Ihres Hundes und professionellem Rat treffen können.

Der Collie als Familienhund

Ich las einmal ein »Fachbuch« über Hunde, in dem es hieß: »Border Collies sind mit ihrer Neigung zum *Hüten* von Kindern besonders gute Familienhunde.» Diese Aussage ließ mir die Haare zu Berge stehen. Ich fragte mich, ob der Autor wohl wusste, wie viele Collies jedes Jahr in Tierheimen abgegeben werden, weil sie ihren Job als »Kinderhüter« nur zu gut machten ...

Die Motivation eines aufgeregten Collies, der kleine Kinder rund um den Garten scheucht, ist leider eher die eines Fuchses im Hühnerauslauf als die eines Aufpassers im Kindergarten. Kleine Kinder können im Hund die Vorstellung erwecken, es handele sich um »Beute«, weil sie sich auf seiner Augenhöhe bewegen. Je mehr sie umherlaufen und schreien, desto mehr Adrenalin setzt der Collie frei und desto aufgeregter und zielgerichteter wird seine Jagd.

Zwar würden nur sehr wenige Collies tatsächlich absichtlich ein Kind angreifen, aber manche sind von der Jagd so erregt, dass sie möglicherweise im Eifer des Gefechtes nach einem Kind schnappen oder es umwerfen. Ein Teil des Erfolgsgeheimnisses eines Colliebesitzers besteht darin, dass er weiß, wie er diesen Jagdtrieb immer unter Kontrolle halten kann. Niemals dürfen sich diese Triebe ungezügelt Bahn brechen! Sie müssen immer genau wissen, welche der Handlungen Ihres Hundes durch seine Triebe bestimmt werden anstatt Ausdruck eines »bösen Hundes« zu sein.

Der Platz in der Familie

Aufgrund der oben genannten Probleme ist es meistens nicht ratsam, Collies (insbesondere solche aus dem Tierheim) in Familien mit Kleinkindern unter fünf Jahren zu halten. Manche Collies, die zusammen mit Kindern aufgewachsen sind, können hingebungsvolle und problemlose Engel sein. Vielleicht lag es an der erfahrenen Expertenhand des Besitzers oder am außergewöhnlich ausgeglichenen Wesen des Hundes. Da wir aber weder alle Experten sind noch auf den Zufall vertrauen möchten, riskieren wir lieber nichts und lassen uns nicht auf ein Abenteuer ein.

Wenn Sie einen Collie als Familienhund erwerben, seien Sie sich bewusst, dass diese Rasse ein besonders gut entwickeltes Gespür für Hierarchie, Struktur und Ordnung im Rudel hat. Ein Collie bemerkt die feinsten Veränderungen und Nuancen im Status einzelner Personen im Haus und stellt sich entsprechend darauf ein.

Er könnte problematisch auf jede Form von häuslichem Durcheinander und Aufruhr reagieren, die in ihm Stress und ein Gefühl der Unsicherheit hervorruft. Möglicherweise sucht er sich in der Konsequenz einen Platz weiter oben in der Rangordnung, der ihm nicht zustehen sollte.

Manche Paare berichten, dass der Collie beginnt, sich anders zu benehmen, wenn der Mann einmal aus dem Haus ist und versucht, den zurückgebliebenen weiblichen Part zu seinem Vorteil auszunutzen. Das liegt meist jedoch eher daran, dass die Frau dem Hund unbewusst die Botschaft übermittelt, durch die Abwesenheit des »Chefs« sei sein Status gestiegen, indem sie ihm plötzlich Privilegien wie Zugang zum Schlafzimmer, Extra-Leckerbissen oder wenige strenge Kommandos gewährt. Das geschilderte Szenario kann natürlich genauso gut mit umgekehrter Rollenverteilung stattfinden, wenn die Frau aus dem Haus ist!

Wie macht sich Ihrer Meinung nach der Collie ein Bild davon, wer - was ihn betrifft - »der Boss im Haus« ist? Es könnte die Person mit der stärksten körperlichen Präsenz oder der stärksten verbalen Autorität sein, aber auch die Person, die für Futter, Spiel und Spaziergänge sorgt. Es gibt verschiedene interessante Theorien, aber der Hund zeigt meistens schnell und deutlich, wen er mehr respektiert und wem er Aufmerksamkeit schenkt.

Wenn ein Collie der Meinung ist, er müsse nur eine Person respektieren, kann das natürlich anderen Familien- oder Haushaltsmitgliedern das Leben ziemlich schwer machen. Lassen Sie ihn deshalb gar nicht erst zu dieser Überzeugung kommen! Wenn der Hund in seinem erhöhten Status ständig bestätigt wird, kann das irgendwann dazu führen, dass er die anderen Familienmitglieder (die er für rangniedriger hält) herausfordert - und zwar körperlich. Außerdem macht es auch keinen Sinn und Spaß, einen Familienhund zu haben, den nur ein Familienmitglied regulieren kann.

Der Platz des Collies muss ganz unten in der Rangordnung sein. Was nichts mit irgendeiner Form von körperlicher Unterdrückung oder psychologischem Zwang zu tun hat! Es verlangt einfach, sich an bestimmte feste Regeln zu halten, die dem Hund klarmachen, wo sein Platz ist.

Rekapitulieren wir noch einmal einige dieser wichtigen Regeln, die wir bereits vorher erwähnt haben:

Der Hund bekommt seine Mahlzeit immer nach den anderen Familienmitgliedern.

Der Hund geht erst nach allen anderen Familienmitgliedern durch Türen oder Tore.

Der Schlafplatz des Hundes befindet sich in einem separaten Teil des Hauses, vom Rest der Familie getrennt.

Kinder sollten in alle Aspekte der Hundehaltung, die Erziehung eingeschlossen, mit einbezogen werden.

Dem Hund darf nie erlaubt werden, ein Spiel mit Kindern zu gewinnen, von sich aus zu beginnen oder sein Spielzeug zu verteidigen.

Alle Familienmitglieder müssen sich konsequent an die gleichen Regeln halten und die gleichen Kommandos verwenden.

Während Hunde lernen müssen, Befehle aus dem Mund von Kindern zu akzeptieren, muss der Respekt auch andersherum funktionieren. Lassen Sie kleine Kinder und Hunde nicht unbeaufsichtigt miteinander allein und geben Sie Acht, dass das Kind die Toleranz des Hundes nicht bis an die Grenzen fordert. Ich finde es schlimm, wenn Kinder ohne Ermahnung von Seiten ihrer Eltern den Hund fünfzigmal innerhalb von fünf Minuten »Sitz« machen lassen! So etwas ist eine Quälerei für den Hund. Passen Sie auf, dass Ihr Kind niemals zum Quälgeist wird! Sonst wird nichts Gutes dabei herauskommen ...

Sicher gibt es viele Familien, die Ihnen berichten, dass ihr Collie niemals irgendwelche Probleme macht. Bei näherem Hinsehen stellt man dann aber oft fest, dass dies nur daran liegt, dass der Collie immer nur das tut, was ihm gefällt! Das einzige Problem dabei ist, dass ein solcher Hund vermutlich nicht das tun wird, was man von ihm erwartet, wenn es seinen Interessen zuwider läuft (siehe Kapitel 7, »Dominante Hunde«). Es stimmt natürlich, dass manche Familien es schaffen, aus ihren Collies eine wahre Freude zu machen: gehorsam, ausgeglichen und glücklich. Meistens sind diese Hunde das Produkt von guter Erziehung, Geduld, Verständnis und viel gegenseitigem Respekt zwischen Familie und Hund. Sie sind der lebende Beweis dafür, dass der Erfolg außergewöhnlich sein kann, wenn Familien den richtigen Weg im Umgang mit ihrem Collie finden.

KAPITEL 6

HÄUFIGE VERHALTENS-PROBLEME BEIM BORDER COLLIE

Wenn wir davon sprechen, dass unser Hund ein »Verhaltensproblem« hat (das Schlagwort der modernen Haustierhaltung), ist es wichtig zu definieren, was genau wir eigentlich meinen. Ist das Verhalten wirklich ein ungewöhnliches und anormales Phänomen, oder ist es einfach ganz normales Collieverhalten, das wir als Menschen nur als unangemessen und unangenehm empfinden?

Mit anderen Worten: Das Verhalten des Hundes ist meistens für den Hund kein Problem, wohl aber für uns. Das ist in der überwältigenden Mehrzahl der Fälle so. Manch einer mag jetzt argumentieren, dass solche Definitionen unnötig sind, wenn das Verhalten des Hundes einen schier zum Wahnsinn treibt. Sie sind aber sehr wohl wichtig, weil das Verständnis um die Gründe für das jeweilige Verhalten des Hundes Sie in die beste Position versetzt, auch einen Lösungsweg zu finden.

Besonders bei Collies ist es sehr hilfreich, erst einmal festzustellen, welche Elemente ihres »Problemverhaltens« in den natürlichen, durch Zuchtauswahl gefestigten Veranlagungen der Rasse begründet liegen und welche eher im individuellen Hund. Viele Collieprobleme sind auch durch andere Faktoren wie erbliche Wesensfehler und individuelle, aus persönlichen Erfahrungen gemachte Lernprozesse beeinflusst.

Im Folgenden möchte ich ein paar Beispiele für typische Verhaltensweisen nennen, die Besitzer häufig als Problemverhalten schildern - dabei sind es lediglich verschiedene Wege, auf denen Collies versuchen, ihre natürliche Persönlichkeit, ihren Arbeitsdrang und ihre Triebe zu verwirklichen:

Jagen von anderen Tieren, Kindern, Fahrrädern oder Autos.

Schnappen und Hüten / Zusammentreiben.

Übermäßig stürmisches Verhalten.

Manische, obsessive und zwanghafte Verhaltensmuster - z.B. scheinbar hypnotisiertes, stundenlang anhaltendes Starren auf sich bewegendes Scheinwerferlicht oder Schatten oder andere Objekte, von denen der Hund annimmt, seine Konzentration würde es zur Bewegung veranlassen.

Zerstörerisches Verhalten und Kläffen. Beides sind häufig Wege, auf denen Hunde mit hohem und länger nicht gestilltem Bedarf an körperlicher und geistiger Beschäftigung versuchen, ihre Frustration und Energien loszuwerden.

Trennungsangst. Collies haben ein sehr starkes Bedürfnis, Teil eines gemeinsam arbeitenden Rudels zu sein.

Es ist ganz wichtig, zu verstehen, wie viele dieser »Probleme« allein dadurch entstehen, dass wir einem Hund, der für eine ganz andere Umgebung und einen ganz anderen Alltag gezüchtet wurde, häusliche Lebensweisen aufzwingen. Sie werden sicher nicht viele Schaffarmer finden, die dringend einen Verhaltenstherapeuten für ihren Border Collie brauchen - genauso wenig wie das bei Menschen der Fall ist, die ihren Hund anderweitig körperlich und geistig regelmäßig auslasten.

Das individuelle Verhalten von Collies kann sich im Einzelfall natürlich sehr unterscheiden. Sie als Besitzer eines Begleit- oder Familienhundes möchten vermutlich nur wissen, wie man diese durch den Arbeitseifer bedingten Probleme im häuslichen Umfeld am besten unter Kontrolle bringen kann. Die einfachste Antwort wäre, Ihnen zu sagen: Lassen Sie gar nicht erst zu, dass sich solche Verhaltensmuster fest etablieren. Das wäre allerdings idealistisch gedacht und hilft dem Besitzer überhaupt nicht, wenn die verhaltensmäßigen »Exzesse« des Hundes schon zur festen Gewohnheit geworden sind. Lassen Sie uns also die oben aufgezählten Probleme genau nacheinander anschauen und überlegen, wie man am besten für Vorbeugung und Behebung sorgen kann.

Jagen

Wie bereits früher erwähnt, sind Collies darauf programmiert, sehr schnell auf sich bewegende Objekte zu reagieren, besonders, wenn diese sich in Augenhöhe befinden. Diese Tatsache mag für den Nicht-Schafhalter unter den Colliebesitzern nicht unbedingt angenehm sein, lässt sich aber nicht aus der Welt schaffen.

Sobald ein Collie sich auf ein bewegtes Ziel »eingeschossen« hat, möchte er sich daran anschleichen oder es jagen, möglicherweise auch beides, je nachdem, wie schnell sich das Objekt bewegt und wie der Hund glaubt, es am besten unter seine Kontrolle bringen zu können. Sobald der Hund tatsächlich mit der Jagd begonnen hat, wird Adrenalin durch seinen Körper gepumpt. Je aufregender und länger andauernd die Jagd, desto versessener wird der Hund darauf, dieses fliehende Objekt wieder zurück unter seine Kontrolle zu bringen.

Viele Besitzer wundern sich, warum ihr Hund immer wieder Dingen hinterher jagt, die er niemals tatsächlich fangen kann - Fahrräder oder Autos zum Beispiel. Die Antwort lautet: Der Hund stellt schon bald fest, dass die Jagd an sich »high« macht und

Glücksgefühle auslöst. Dies zusammen mit der Feststellung, dass er die Autos und Fahrräder durch sein Jagen noch mehr beschleunigen kann, ist für den Collie Belohnung genug, um die Handlung immer wiederholen zu wollen. Bedenken Sie auch, dass der Hund nicht weiß, dass er das Auto oder das Fahrrad niemals fangen kann.

Man muss realistisch sein und zugeben, dass es sehr schwer sein kann, dieses Jagdverhalten bei einem als Familienhund gehaltenen Border Collie wirklich völlig zu eliminieren, eben weil der »hohe Belohnungsfaktor« sich fest im Gedächtnis des Hundes verankert hat. In den meisten Fällen kann es aber mit zielgerichtetem und konsequentem Training zumindest kontrolliert werden. Das erste, was Sie tun müssen, ist: Hören Sie auf, den Jagdtrieb Ihres Hundes mit endlosen Ball- oder Frisbeespielen zu »legitimieren«. Ihr Hund versteht möglicherweise - mit Recht - nicht, warum es in Ordnung ist, hinter einem fliehenden Ball oder einer Frisbeescheibe herzuhetzen, warum aber die gleiche logische Reaktion nicht bei anderen fliehenden Objekten erlaubt ist. Viel besser wäre es, die bei Collies besonders begehrten Bälle und Frisbees nur sparsam einzusetzen und auf anderen Wegen ganz clever zu versuchen, die Aufmerksamkeit des Hundes und damit die Kontrolle über ihn zu gewinnen. Wir werden gleich sehen, wie.

Sobald Sie die »legitimen« Jagdmöglichkeiten beschränkt haben, schärfen Sie Ihre vorausschauenden Sinne dafür, wann Ihr Collie vermutlich gleich in den »Jagdmodus umschaltet« und welche Auslöser für ihn besonders unwiderstehlich sind. Lenken Sie seine Aufmerksamkeit genau in dem Moment auf sich, wenn er gerade zum Losspurten ansetzt. Zu Anfang ist das sicher nicht leicht! Collies können sich extrem stark auf ein Objekt konzentrieren, das sie einmal ins Auge gefasst haben und hören nicht gerne mit etwas auf, das sie in der Vergangenheit wiederholt und ungestört tun konnten. Zeigen Sie Beharrlichkeit. Rufen Sie Ihren Hund beim Namen, werfen Sie einen Ball oder eine Frisbeescheibe in die Luft, winken Sie mit einem Leckerchen, tun Sie so, als ob Sie in eine andere Richtung zu etwas Aufregendem davonrennen möchten - alles ist gut, was die Aufmerksamkeit Ihres Hundes erregt. Erwecken Sie immer den Eindruck, als hätten Sie etwas zu bieten, das mindestens ebenso spannend und verlockend ist wie die Jagd - wenn nicht sogar besser!

Sobald der Hund auf Sie achtet, lassen Sie ihn entweder zu sich kommen und sitzen oder befehlen »Down« und »Bleib«. Der Hund muss aus der vorangegangenen Erziehung wissen, dass es dafür ein Leckerchen gibt. Gehorcht er, geben Sie ihm die Belohnung und geben Sie Acht, dass Sie zeitlich richtig belohnen - nicht das Ansetzen zur Jagd, sondern das gehorsame Kommen und Sitzen bzw. Ablegen! Sie können natürlich auch Ball oder Frisbeescheibe als Belohnung in solchen Situationen verwenden. In diesem Fall müssen Sie aber auch wirklich ein, zwei Runden mit dem Hund damit spielen, bevor Sie das Spielzeug wieder wegpacken. Es wäre unfair und auch uneffektiv, wenn Sie dem Hund erst Hoffnung auf eine Belohnung machten und diese dann ausbliebe. Je bewusster und selektiver Sie Dinge wie Bälle, Frisbeescheiben oder Zerrspielzeuge als Belohnung einsetzen, desto mehr steigt ihr Seltenheitswert für den Hund - sie werden zu begehrten Gegenständen, mit denen man leicht seine Aufmerksamkeit auf sich ziehen kann.

Wenn Sie es schaffen, Ihren Hund auf sich aufmerksam zu machen, wenn er gerade in den »Jagdmodus schalten« will und ihn dann auch noch zu einer anderen Handlung (sitzen, kommen) bewegen können, dürfen Sie sich gratulieren. Sie haben den ersten Schritt zum Durchbrechen des Teufelskreises geschafft! Aber Sie müssen weiterhin üben. Wiederholen Sie so oft, bis Ihr Collie immer besser darin wird, sein Jagdverhaltensmuster zu durchbrechen und stattdessen etwas ebenso Lohnenswertes mit Ihnen zu unternehmen.

Wenn Sie das Jagd-Verhaltensmuster Ihres Hundes unterbrochen haben, hält der hohe Adrenalinspiegel, der ihn auf die Jagd vorbereitet hat, immer noch eine Weile an. Sobald Sie Ihren Hund also vom Jagdverhalten abgelenkt und ihn für ein alternatives Verhalten belohnt haben, ist es keine schlechte Idee, ein paar formelle Übungen mit ihm zu erledigen, die ihn geistig beanspruchen und ihn zum Nachdenken nötigen. Ein wenig Bei-Fuß-Gehen oder das Suchen eines versteckten Stückchens Futter kann beispielsweise helfen, die Aufregung zu dämpfen und den Hund wieder »auf den Teppich« zu bringen. Ein Collie kann sich nicht völlig auf etwas konzentrieren und gleichzeitig eine wild gewordene Adrenalinmaschine sein - zumindest meistens! Merken Sie sich also, dass es sinnlos ist, hinter einem davon preschenden Collie schimpfend und schreiend herzulaufen. Sie würden den Hund mit Ihrer Aktion nicht nur für seine Handlung belohnen, nein schlimmer noch, er wird der festen Meinung sein, dass Sie sich am Jagdspaß beteiligen!

Die Vorbeugung unerwünschten Jagdverhaltens sollte wirklich schon im Welpenalter beginnen. Hier sind die gleichen Ablenkungstaktiken und die Regeln zum Beschränken typischer Jagd-

Spiele anwendbar. Je früher Sie die Techniken zum Umlenken der Aufmerksamkeit Ihres Hundes benutzen, desto besser sind Ihre Aussichten auf Erfolg. Vergessen Sie nie, dass Sie dem Hund eine bessere Alternative bieten müssen, wenn Sie sein Jagdverhalten gestoppt haben. Nicht umsonst sagt man: Wenn man einem Collie nichts zu tun gibt, sucht er sich selbst einen Job!

Schnappen und Hüten / Zusammentreiben

Schon früher in diesem Buch haben wir besprochen, warum das Schnappen oder »Packen« und Zusammentreiben wesentlicher Bestandteil des natürlichen und gewünschten Arbeitsverhaltens beim Collie ist, in häuslicher Umgebung aber weniger erstrebenswert ist. Man kann sich schlecht irgendeine Situation im alltäglichen Haus- oder Familienleben vorstellen, in der dieses »Packen« und Treiben erwünscht wäre. Ganz wichtig ist es aber, dieses instinktive leichte Zupacken, ausgelöst vom Drang zur Kontrolle sich bewegender Objekte, streng von ernsthaften Formen der Aggression zu unterscheiden, von denen später noch die Rede sein wird.

Hundebesitzer fördern oft genau dieses Zupacken bei ihrem Collie ganz unbewusst, wenn sie schon mit dem Junghund falsch umgehen und wenn sie das Verhalten mit irgendeiner Handlung, sprich Aufmerksamkeit und Beachtung, belohnen. Hier sind einige typische Beispiele, wie genau das oft passiert:

1. Den Colliewelpen wird viel raues und wildes Spiel auf dem Fußboden untereinander oder mit Kindern erlaubt. Solche Spiele lösen in der Regel Spielbeißen beim Welpen aus, das der Besitzer angesichts des körperlich kleinen Hundes und seiner Babyzähnchen als harmlos empfindet. Der Hund wird also im festen Glauben groß, dass dieses Verhalten (das mit seinem Wachstum immer weniger harmlos und niedlich wird) vollkommen akzeptabel ist.
2. Mit dem Collie-Junghund werden viele Zieh- und Zerrspiele gespielt, die dieser jedesmal gewinnen darf.
3. Der Mensch schreit, wenn der Collie schnappt, oder rennt sogar weg. Das belohnt den Hund nicht nur für seine Handlung, sondern lässt ihn glauben, der Mensch beteilige sich an dem Vergnügen; die aufgeregte Stimmung wird noch weiter angeheizt.

Wenn Collies damit beginnen, nach bewegten Objekten wie Staubsaugern, Besen oder Rasenmähern zu schnappen, ist es für viele Besitzer die einfachste und schnellste Lösung, den betreffenden Gegenstand einfach wegzuräumen oder nur noch zu benutzen, wenn der Hund nicht in der Nähe ist. Das ist so lange in Ordnung, wie Ihnen ein schmutziges Haus oder eine Wiese anstelle des Rasens egal sind, aber es löst das Problem an sich nicht.

Der Hund muss nicht nur lernen dass Sie (und nicht er) das bewegte Objekt kontrollieren, sondern auch, dass Sie seine Reaktionen darauf kontrollieren. Die meisten Collies benehmen sich mit solchen Gegenständen am schlimmsten, wenn sie es schaffen, davor zu kommen. Aus Sicht des Hundes ist das Ziehen und Zerren an einem Gegenstand besonders toll, wenn Sie an der gegenüber liegenden Seite ziehen - das ähnelt der Situation im Hunderudel, wenn man einem Rudelgenossen beim Festhalten oder Töten eines widerspenstigen Beutetieres hilft. Der Hund tut dies allerdings, ohne sich über die Gründe dafür bewusst zu sei - und genau das macht einen Instinkt aus. Vergessen Sie nie, wie viele Gene Ihres so nett aussehenden Collies direkt vom Wolf stammen!

Damit Ihr Collie aufhört, sich bewegende Haushaltsgeräte zu »fangen« und zu zerlegen, müssen Sie folgendes tun:

1. Achten Sie darauf, dass der Hund hinter Ihnen bleibt, während Sie sie benutzen.
2. Befehlen Sie den Hund ins »Platz und Bleib«.
3. Belohnen Sie den Hund mit Futter oder Kauspielzeug, wenn er Ihr Kommando befolgt.
4. Benützen Sie das Gerät weiter, während der Hund immer noch liegen bleibt.
5. Belohnen Sie den Hund wieder fürs ruhige Stillliegen. Lassen Sie ihn erst wieder aufstehen, wenn Sie das Gerät weggepackt haben. Loben Sie ihn dann ausgiebig.

Mit der Zeit lernt Ihr Collie auf diese Weise, dass Sie all die aufregenden beweglichen Dinge und Spielsachen im Haus unter Kontrolle haben. Es gehört zu Ihren ganz natürlichen Privilegien als Rudelführer!

Zu Beginn finden Sie diese »Umerziehung« vermutlich schwierig, weil der Hund entgegen seinen Instinkten handeln soll. Möglicherweise ist er frustriert, weil er einer seiner Lieblingsbeschäftigungen nicht mehr nachgehen darf, er winselt, bellt oder bleibt nicht liegen. Seien Sie konsequent. Machen Sie ganz klar, dass Sie »Platz und Bleib« befehlen und ihn nicht einfach irritierend herumschimpfen oder -schreien, was niemals den gewünschten Effekt haben kann. Ihr Erfolg hängt bei dieser Übung sehr davon ab, wie viel Kontrolle und Führung Sie bereits allgemein über Ihren Collie erworben haben. Es ist hier genauso wie bei allen anderen Erziehungsübungen: Nur wenige Collies reagieren gut auf Menschen, die keine Führungsrolle für sich beanspruchen.

Schnappen

Ein ernsthafteres Problem besteht natürlich, wenn der Hund nicht nach Gegenständen, sondern nach Menschen schnappt. Angesichts der restriktiven Gesetzgebung in Bezug auf gefährliche Hunde und der gesellschaftlichen Intoleranz gegenüber Aggression bei Hunden müssen Sie alles tun, was in Ihren Kräften steht, um das Auftreten eines solchen Verhaltens zu verhindern. Wenn Sie das nicht schaffen, könnten Sie mit einer Strafanzeige für sich und einem Gerichtsbeschluss zur Tötung des Hundes enden.

Schnappen nach Menschen ist eine Tendenz, die von Collie zu Collie verschieden ist. Wie wir bereits gesehen haben, wird dieses Verhalten verstärkt, wenn es im Welpenalter nicht genügend unterbunden wird. Bei älteren Hunden wird das Problem komplexer, weil es sich sowohl um triebgesteuertes als auch um durch Lernerfahrungen bestärktes Verhalten handelt. Der Hund hat für seine Handlung in irgendeiner Form so viel Bestätigung erhalten, dass er sie wiederholen möchte. Es kann in einem solchen Fall deshalb recht schwierig sein, das Schnappen vollkommen zu eliminieren.

Schnappen bei Welpen

Wenn ein Colliewelpe hochspringt und schnappt, muss er immer mit einer negativen Reaktion darauf entmutigt werden. Eine Möglichkeit ist, den Junghund fest - aber nicht zu grob - auf die Nase zu klapsen, sobald er hochspringt und schnappt, oder laut »Aua!« zu schreien und beleidigt zu gucken. Eine andere Methode ist es, ihm schnell mit einer Wasserpistole einen Wasserstrahl hinter die Ohren zu schießen. Egal welche Methode Sie wählen, wichtig ist das richtige Timing, damit der Hund die richtige Verknüpfung zwischen seiner Handlung und der unangenehmen Konsequenz herstellen kann. Ihr Junghund muss glauben, dass sein Schnappen an sich zu den unangenehmen Folgen geführt hat - nicht, dass Sie plötzlich (und für ihn unverständlich) verärgert darüber sind.

Schnappen bei älteren Hunden

Sie können die gleichen Methoden bei älteren Hunden versuchen, aber es ist viel schwerer, ein für sie als lohnenswert erlerntes Verhalten wieder zu löschen - wenn ihr Verhalten auch nur eine aufgeregte Reaktion beim Menschen auslöst. Obwohl manche Collies auch aus Reflexreaktion auf irgendeine plötzliche Aufregung schnappen (beispielsweise Jagen, irgendein anderer plötzlicher körperlicher Anreiz oder Stress), ist es nicht immer möglich vorauszusagen, wann genau das Verhalten ausgelöst wird - bis Sie Ihren Hund wirklich gut kennen oder zumindest gut genug, um seine typische Reaktion auf einen bestimmten Reiz einschätzen zu können.

»Schnappanfälle« treten beim Collie selten aus heiterem Himmel und ohne offensichtlichen Auslöser auf. Manche setzen ihre Zähne kurz ein, um Bewegung bei einem Menschen, Tier oder Gegenstand zu kontrollieren oder in Gang zu setzen. Bei anderen ist es einfach eine Reaktion auf Stress (siehe Kapitel 7 über »Stress bei Collies« für weitere Erläuterungen dazu).

Wenn der Collie etwas oder jemanden umkreist, danach schnappt und damit eine Bewegung auslöst, ist das für ihn eine Belohnung. Wenn dann die betreffende Person noch schimpfend und schreiend herumfährt, bedeutet das für den Hund noch mehr Spaß. Aus diesem Grund ist der beste Rat, den Sie einem solchermaßen »Getriebenen« geben können, absolut still zu stehen und überhaupt keine Reaktion zu zeigen. Egal, wie sehr der Hund Sie anstarrt und umkreist, Sie bewegen sich überhaupt nicht und schauen den Hund auch nicht an.

Auf diese Weise wird der Mensch allmählich absolut uninteressant für den Collie. Besonders hartnäckige Hunde versuchen möglicherweise noch, in der Hoffnung auf Erfolg still stehende Ziele zu attackieren. Aber je weniger Reaktion sie auf ihr Verhalten hin erhalten, desto größer sind die Chancen, dass es abnimmt. Natürlich können die »Zielobjekte« nicht ewig unbeweglich stehen bleiben. Wenn Sie sich dann wegbewegen, sollte der Hund das aber nicht sehen, sonst sind Sie wieder beim Ausgangspunkt angelangt!

Rufen Sie stattdessen Ihren Hund dann, wenn er angesichts seiner bewegungslosen »Opfer« fürchterlich gelangweilt wirkt, zu sich. Befehlen Sie ihm »Platz« und geben Sie ihm eine Belohnung dafür. Dann können Sie kurz sein geliebtes Ball- oder Frisbeespiel mit ihm veranstalten - seine Aufmerksamkeit bleibt bei Ihnen und dem Spielzeug, während das »Opfer« unbemerkt weggeht. Sollte der Hund irgendeinen Versuch unternehmen, zu seinem »Opfer« zurückzukehren, befehlen Sie ihn sofort wieder zu Boden. Sollte er nicht sofort reagieren und ist bereits auf halbem Weg, muss die ganze Übung noch einmal von vorn wiederholt werden.

Schnappen: Vorbeugung und Kontrolle

Wenn Collies schnappen, ist das in der Mehrheit der Fälle eher instinktiv durch plötzliche Bewegungen oder ungewollte Animation des Hundes bedingt - sei es durch Tiere, Menschen oder alle möglichen beweglichen Gegenstände. Leider kann aber nicht jeder zwischen einem Hund, der seinen starken Hütetrieb auf die falschen Ziele richtet, und einem aus fundamentaler Aggressivität und »schlechtem Wesen« heraus beißenden Hund unterscheiden. Diese Unfähigkeit vieler Menschen, den Unterschied zwischen einem aus starkem angeborenem Arbeitstrieb reagierenden und einem wirklich gefährlichen Hund zu unterscheiden, der absichtlich Schaden zufügen möchte, bringt viele Collies in Schwierigkeiten. Manche werden letzten Endes sogar wegen ihres übermäßigen Dranges, »hütend« und »treibend« mit den Zähnen zuzufassen, eingeschläfert.

Das Problem des Schnappens kann beim Collie aus folgenden Gründen sehr schnell eskalieren:

- Die Angewohnheit wurde beim jungen Hund nicht rigoros genug unterbunden.
- Da der Hund in der Welpen- und Junghundzeit mehr oder weniger ungehindert schnappen durfte, hat er dieses Verhalten als angenehm und lohnenswert schätzen gelernt.
- Der Hundehalter reagiert falsch mit Schimpfen oder sogar Schlagen - was den Hund weiter erregt oder sogar weitere Aggressionen provoziert.
- Die betroffenen, mit den Zähnen »gepackten« Menschen reagieren mit Wegrennen, Schreien oder wildem Armrudern, was den Hund weiter erregt - oder sie greifen den Hund körperlich an, was dieser als Bedrohung empfindet und möglicherweise mit Verteidigungsaggression beantwortet.

Wie haben bereits gesehen, wie wichtig es ist, dass ein vom Collie solchermaßen »gehütetes« Opfer still stehen bleibt. Der Grund dafür ist, dass Jagen und Schnappen für den Collie als Sequenz meistens zusammengehören, die ständig weiter abläuft, solange sich das Objekt bewegt.

Lassen Sie uns zusätzlich zu dem bereits Gesagten noch sehen, wie Sie außerdem verhindern können, dass das Schnappen bei Ihrem Collie zu einem größeren Problem wird.

Wie immer in der Erziehung hat Ihr Hund zuerst zu lernen, dass Sie seine Aktionen und Reaktionen in jeder Situation bestimmen. Er darf gar nicht erst auf die Idee kommen, dass es akzeptabel sein könnte, draußen nach eigenem Belieben hinter Kindern, Joggern, Fahrradfahrern oder anderen Personen herzujagen, denn dieses Jagen eskaliert nur zu schnell und führt dann zum Schnappen!

Ein Hund, der gelernt hat, sofort und unmittelbar auf Befehl seines Besitzers zurückzukommen oder sich hinzulegen und zu warten (siehe »Herankommen« und »Down«, letztes Kapitel), kann keine Menschen jagen oder belästigen. Genauso wird ein Hund, der gelernt hat, sich draußen in erster Linie auf seinen Besitzer zu konzentrieren und immer auf dessen nächste Anweisung oder die nächste Aufforderung zum spannenden gemeinsamen Spiel zu warten, nur selten durch andere Dinge abzulenken sein.

Wenn Sie draußen Schwierigkeiten haben, Ihren Collie zu sich zurückzurufen und er stattdessen aufgeregt losschießt, um Menschen oder Tieren nachzujagen, dann arbeiten Sie zu Beginn mit einer langen Schleppleine, wie sie im Zoofachhandel erhältlich ist (ein langes, leichtes Seil oder ein Rolladengurt mit Karabinerhaken am Ende tun es auch). Achten Sie nun konzentriert auf Ihren Hund. Vermutlich wissen Sie inzwischen schon, welche Reize ihn zum Losspurten animieren - Jogger, Fahrradfahrer, aufgeregt spielende Kinder oder andere Hunde. Schauen Sie trotzdem konzentriert auf die Körpersprache Ihres Hundes, die Ihnen mit plötzlicher Fixierung des Blickes, Senken des Kopfes, Einnehmen einer geduckten und gespannten Körperhaltung sagt, dass irgendein »Jagd- und Hüteopfer« erspäht wurde.

In dem Moment, in dem Sie dies bemerken, müssen Sie sofort Aufmerksamkeit und Konzentration des Hundes auf sich zurücklenken, notfalls, indem Sie ihn an der Leine zurückholen. Sprechen Sie in freudig-aufgeregtem Tonfall mit dem Hund. Lassen Sie ihn beispielsweise »Sitz« machen und belohnen Sie ihn dafür mit einem Leckerchen oder einem Lieblingsspielzeug, das er nur auf gemeinsamen Spaziergängen mit Ihnen zu sehen bekommt. Schaffen Sie eine freudige Stimmung und vermitteln Sie Ihrem Hund, dass er etwas sehr Schlaues getan hat, über das Sie sich besonders freuen. Lenken Sie ihn so lange ab, bis sein ursprüngliches Zielobjekt ohne Zwischenfall verschwunden ist und loben Sie ihn dafür. An dieser Übung müssen Sie nun Tag für Tag arbeiten, bis Ihr Collie feststellt: Wenn man sich draußen auf Sie anstatt auf andere Dinge konzentriert, ist das wesentlich lohnenswerter, da Spaß und Belohnung winken.

Wenn Sie auf Spaziergängen konsequent und gut genug hieran arbeiten, kommt irgendwann der Zeitpunkt, an dem sich Ihr Collie geradezu versessen auf Sie oder auf das Spielzeug in Ihrer Hand konzentriert - was sicherlich wesentlich besser ist als die Konzentration auf weniger erwünschte Ziele!

Wie gut die oben beschriebenen Maßnahmen funktionieren, kann auch davon abhängen, wie stark die Gewohnheit des Schnappens bereits bei Ihrem Hund etabliert ist. Wenn Sie befürchten, dass er in dieser Hinsicht zu einer tatsächlichen Gefahr für andere werden könnte, wäre es klüger, ihn mit Maulkorb auszuführen, bis Sie das Problem besser unter Kontrolle haben - und sei es auch nur, damit Sie nicht vor lauter Sorge und in ängstlicher Vorausschau zum Nervenbündel werden.

Das Briefträger-Problem

Ein Grund dafür, warum Menschen wie Briefträger oder Zeitungsboten ein unwiderstehliches Ziel für den Zahneinsatz Ihres Collies bieten, ist, dass sie alle das gleiche Verhalten zeigen: Sie kommen zu Ihrem Haus und gehen gleich wieder weg. Der Hund kommt deshalb leider schnell auf die Idee, dass er den »Eindringling« durch sein Bellen, Jagen und/oder Schnappen aus dem Revier des eigenen Rudels vertrieben habe. Eine fantastische Stärkung des hündischen Egos! In Erinnerung an den tollen Erfolg wird er beim nächsten Anblick eines Menschen in ähnlicher Uniform oder bei Begegnung mit dem Briefträger an einem anderen Ort hoch motiviert versuchen, sein damaliges Verhalten zu wiederholen.

Wenn dies zu einem echten Problem für Sie wird und Sie beispielsweise keine Post mehr bekommen, wäre eine mögliche Lösung (je nach Kooperationsbereitschaft des Briefträgers!), dass der Briefträger ab sofort immer mit einem Leckerchen für den Hund kommt. Rüsten Sie ihn einfach mit den Lieblingshundekuchen Ihres Collies aus. Hilfreich ist auch, wenn Sie dem Hund klarmachen, dass Ihnen diese Person willkommen ist. Halten Sie wenn möglich ein nettes Schwätzchen an der Haustür mit ihm oder ihr und lassen Sie nicht zu, dass Ihr Hund die Initiative ergreift oder feindlich gegenüber Ihrem Gast reagiert.

Sollte Ihr Hund ablehnend und feindlich reagieren, schicken Sie ihn sofort ins Haus und befehlen »Platz!«. Gehorcht er Ihrem Hinweis und gibt sich zugänglicher, sollte der Briefträger (oder sonstige Gast) ihm noch ein Leckerchen geben und noch etwas in der Nähe bleiben. Auch hier geht es - wie immer - wieder um Kontrolle und Kommunikation. Es reicht nicht, wenn Sie Ihrem Hund sagen, was er tun soll und was nicht. Sie müssen ihm sagen, was er stattdessen tun soll. Dies ist ein grundlegendes Prinzip der Führungspsychologie! Natürlich könnten Sie Ihren Hund auch jedesmal einsperren, sobald der Briefträger kommt, aber das ist weder besonders praktisch noch greift es das Problem an der Wurzel.

Übermäßig stürmisches Verhalten

Eine der häufigsten Klagen von Colliebesitzern lautet »Er benimmt sich wie wahnsinnig«, »Er ist hyperaktiv«, »Er rennt durchs Haus wie ein Verrückter« oder ähnliches. Kommt Ihnen das irgendwie bekannt vor?

Zwei Dinge müssen Sie als Hundehalter bei diesem Problem bedenken. Erstens: Ist es wirklich so erstaunlich, dass eine Hunderasse mit außergewöhnlich hoher Energie dieselbe auch zeigt? Zweitens: Könnte es sein, dass Sie Ihren Collie ganz unbewusst auf verschiedenen Wegen weiter »aufheizen« und »überdrehen«?

Das kann zum Beispiel durch das Futter geschehen, das Sie ihm geben. Je höher Protein- und Fettgehalt im Futter, desto mehr Energie führen Sie Ihrem Hund zu. Zwar können wirklich arbeitende Collies mit »Fulltime-Job« einen Proteingehalt des Futters von 20-25% vertragen, Ihr Familienhund braucht aber natürlich weniger. Heute gibt es auch schon Fertigfuttermittel mit niedrigerem Proteingehalt (z.B. 14%), die nicht für heranwachsende, sondern für erwachsene Hunde gedacht sind. Vielleicht können Sie mit Ihrem Tierarzt besprechen, welches Futter am besten zu Ihrem energiegeladenen Hund passt, damit er einerseits weniger Protein, andererseits aber auch eine ausgewogene Ernährung erhält.

Collies lassen sich auch leicht durch zu schnelle und aufregende körperliche Bewegung aufheizen. Um ihrer natürlichen Aufgabe gerecht werden zu können, müssen Collies schnelle Reaktionen und eine gute Ausdauer haben, also in der Lage sein, schnell größere Mengen von Adrenalin freizusetzen und den Adrenalinspiegel über längere Zeit im Blut aufrecht zu erhalten.

Bei der Arbeit können Collies dieses Adrenalin nicht nur durch körperliche Anstrengung aufbrauchen, sondern auch ihr Verstand wird gefordert. Da sie ständig zwischen intensiver geistiger Konzentration und körperlicher Anstrengung hin- und herschalten müssen, können sie ausgeglichener sein als ein Familienhund, der mit hohem Adrenalinspiegel im Blut zwar wild umherrasen darf, dabei aber weniger konstruktiven Nutzen daraus zieht und keine geistige

Leistung erbringt, die die Auswirkungen des Adrenalins in kontrollierte Bahnen lenkt.

Adrenalin ist ein Stresshormon. In uns allen wird es als Reaktion auf einen plötzlichen Schreck, eine Verletzung oder Angst ausgeschüttet. Es bereitet unseren Körper auf Kampf oder Flucht vor und schärft alle unsere Reaktionen. Es kann aber auch durch plötzliche anstrengende körperliche Leistung und/oder Aufregung ausgeschüttet werden, die vom Körper ebenfalls als »Stress« identifiziert wird. Unter Stress leiden kann deshalb sowohl ein Collie, der seine physischen und psychischen Energien nicht ausleben kann und folglich unter Langeweile und Frustration leidet, als auch einer, der andauernd überreizt und überregt wird.

Adrenalin ist aber nur ein Teil der komplexen hormonellen und chemischen Reaktion, die der Körper als Antwort auf eine tatsächliche oder vermeintliche Gefahr hin verursacht. Man weiß, dass eine solche Reaktion zahlreiche Veränderungen im Körper verursacht, von gesteigerter Stoffwechselrate bis zu verzögerter Muskelermüdung und veränderter Hirnfunktion. In den letzten Jahren haben Tierärzte und Verhaltensforscher ein besseres Verständnis von den Wechselwirkungen zwischen Stressbelastung bei Tieren und deren möglichen kurz- oder langfristigen Auswirkungen auf das Verhalten erarbeitet.

Ihr Hund könnte von einer Futterumstellung profitieren oder ein ausgeglicheneres Beschäftigungsprogramm für Körper und Geist benötigen. Zur geistigen Beschäftigung könnten beispielsweise Fährtensuchspiele oder Obedience-Übungen gehören, wobei sie bei letzteren aber sehr darauf achten müssen, diese nicht ständig in der gleichen, vorhersehbaren Reihenfolge zu wiederholen oder Konzentration und Kooperationsbereitschaft des Hundes zu überfordern, indem Sie die Übungseinheiten zu lang dauern lassen.

Das Leben mit einem Collie kann dem Leben mit einem hyperaktiven Kind gleichen. Wenn solche Kinder aber in eine relativ ruhige Umgebung gebracht werden und eine konstruktive Aufgabe bekommen, wird man feststellen, dass Ruhe und Frieden viel wahrscheinlicher werden.

Denkspiele für Collies

Einen Collie in regelmäßigen Abständen geistig zu beschäftigen, muss nicht unbedingt eine Aufgabe zum Kopfzerbrechen sein. Collies sind oft damit zufrieden, einfache Aufgaben gestellt zu bekommen, die Initiative von ihrer Seite verlangt und deren Erfüllung eine Belohnung verspricht. Außer den bereits angesprochenen Such- oder Unterordnungsübungen gibt es auch noch andere »Denkspiele«, mit denen man einen Collie beschäftigen kann:

Ein so genanntes Futterspielzeug aus dem Zoofachhandel in Form eines mit kleiner Öffnung versehenen Würfels oder Knochens, das mit Leckerchen gefüllt wird oder alternativ eine leere Plastikflasche mit engem Hals, ebenfalls mit Futterbröckchen gefüllt. Der Hund benötigt Ausdauer und Geschick, um an das Futter zu gelangen.

Ein Ball/Lieblingsspielzeug wird in einen Pappkarton gelegt und dieser zugeklebt. Schneiden Sie eine Öffnung in den Karton, die nur so groß ist, dass das Spielzeug knapp hindurch passt und nach draußen befördert werden kann.

Stecken Sie einen Ball in eine dicke alte Socke, die Sie an beiden Enden fest verknoten.

Denken Sie sich selbst weitere Spiele aus. Auch wenn sie kein Ersatz für die unerlässliche tägliche Bewegung und Beschäftigung mit dem Hund sind, so können sie doch zwischendurch für zufriedene Momente sorgen.

Zwanghaftes Verhalten

Auch manische, obsessive und zwanghafte Verhaltensmuster entstehen, wenn ein anfänglich triebgesteuertes Verhalten auf irgendeine Art und Weise belohnt und deshalb wiederholt wird. Das Objekt der Obsession ist auf jeden Fall etwas, das sich bewegt oder nach Auffassung des Hundes dazu gebracht werden kann, sich zu bewegen. Sich bewegende Lichter, Schatten oder Wasser können zu solchen Obsessionen führen; manche Collies springen sogar wiederholt auf Fußmatten, um den Staub hochfliegen zu lassen und »zu bewegen«.

Versuchen Sie sich zu erinnern, wann ein solches obsessives, manisches Verhaltensmuster zum ersten Mal auftrat - vielleicht, nachdem der Hund aus irgendeinem Grund längere Zeit eingesperrt sein musste oder weil es Missstimmungen im Haus gab. Oft sind solche Verhaltensmuster ein Versuch des Hundes, Stress zu bewältigen. Über Wiederholungen wird die Handlung dann allmählich zur Gewohnheit, erst recht, weil der Hund sie als lohnenswert empfindet - zum Beispiel weil er ein Angstgefühl damit überwinden kann.

Wie groß das tatsächlich aus solchen Verhaltensmustern entstehende Problem ist, sehen Colliebesitzer oft unterschiedlich. Manche scheinen sie eher unterhaltsam zu finden, mit dem Ergebnis, dass dem Hund praktisch zur Belohnung die volle Aufmerksamkeit des Menschen zukommt und es immer unwahrscheinlicher wird, dass er das Verhalten einstellt. Andere schimpfen den Hund lauthals aus, was aus Sicht des Hundes leider auch eine Belohnung, nämlich Aufmerksamkeit und starkes Interesse Ihrerseits an seiner Handlung, bedeutet - der Anreiz, das Verhalten zu wiederholen.

Viele Colliebesitzer meinen, mit einem solchen Verhalten durchaus leben zu können, besonders in Anbetracht der Tatsache, was ihr Hund sie sonst so an persönlicher Energie kostet. Es ist etwas, das den Hund »beschäftigen« kann, was in Ordnung ist, solange es nicht zur einzigen Beschäftigung des Hundes wird. Wenn Sie sich täglich sieben oder acht Stunden lang auf nichts anderes konzentrieren würden als auf den Staub, der aus dem Teppich aufsteigt, wie wäre es wohl nach ein paar Monaten oder Jahren um Ihre geistige Gesundheit bestellt?

Unterbeschäftigung und Isolation sind Schlüsselursachen für Stress bei allen Tieren und einer der Gründe, warum man bei vielen Zootieren so genannte stereotype Verhaltensweisen beobachten kann. Ob sie auf immer der gleichen Linie zwanghaft hin- und herlaufen, sich andauernd im Kreis bewegen oder ihren eigenen Schwanz jagen, sie tun es meist als Reaktion auf Stress, der durch ihre Lebensumstände bedingt ist. Stress bewirkt die Produktion nervöser Energie; was wiederum bedeutet, dass irgendeine Aktion oder ein Objekt gefunden werden muss, um diese Energie daran loszuwerden. In fortschrittlicheren Zoos weiß man heute, dass die Chance zur Entwicklung solcher stereotyper Verhaltensweisen geringer ist, wenn man den Tieren abwechslungsreichere und weniger reizarme Haltungsbedingungen bietet. Was man als Besitzer eines Collies daraus lernen kann?

1. Manische Verhaltensmuster und Stress sind eng miteinander verbunden.
2. Solche Verhaltensmuster regulieren sich nicht unbedingt von selbst.

Mit anderen Worten: Je stärker der Stress und desto weniger andere Ventile der Hund für seine körperlichen und geistigen Energien hat, desto höher ist das Risiko, dass manische, obsessive und zwanghafte Verhaltensweisen sich nicht nur etablieren, sondern mit der Zeit auch immer schlimmer werden.

Wenn Ihr Collie solches Verhalten nur gelegentlich und über kurze Zeiträume zeigt und genügend andere Möglichkeiten zum Ausleben seiner physischen und mentalen Energien hat, ist das eine Sache. Wenn solche manischen Verhaltensmuster aber von seinem Leben Besitz zu ergreifen scheinen, ist das ganz sicher etwas anderes und kein gutes Zeichen für sein psychisches Wohlbefinden. In diesem Fall müssen Sie darüber nachdenken, ob Sie dem Hund für seine Bedürfnisse genügend körperliche und geistige Arbeit bieten. Überlegen Sie auch, wie viel von dem Verhalten Ihres Hundes durch Stressfaktoren bedingt sein könnte (siehe nächstes Kapitel), die Sie eventuell beeinflussen oder eliminieren können. Bei Tierheimhunden kann es sich auch um in früherer Umgebung »erlernte« Muster handeln.

Obsessionen & Phobien

Denken Sie, von den obigen Überlegungen zu »zwanghaftem Verhalten« abgesehen, immer daran, dass das sensible und hoch reaktive Wesen des Collies ihn generell stärker für »Obsessionen« oder »Phobien« anfällig macht, die sich mit der Zeit fest etablieren können, wenn der Besitzer nicht schon früh etwas dagegen unternimmt. Die meisten Collie-»Obsessionen« wie z.B. das Jagen von Autos, Fahrrädern oder Schatten; das Schnappen nach Besen oder dem Gartenschlauch, das Umkreisen oder hypnotische Anstarren von Menschen oder Tieren sind einfach dadurch bedingt, dass der Hund einen unbändigen Drang verspürt, seinen starken angeborenen Arbeitsdrang zu befriedigen.

Im Falle von Phobien allerdings bedeutet die Sensibilität des Collies, dass er schnell eine Abneigung oder echte Angst gegenüber irgendwelchen Objekten/Situationen/Menschen/Geräuschen etc. entwickeln kann, die er einmal als in irgendeiner Form für sich bedrohlich erfahren hat.

Wenn Ihr Collie plötzlich solche aus dem Arbeitstrieb hervorgehenden, aber für Sie inakzeptablen obsessiven Verhaltensmuster zeigt oder eine offensichtliche Phobie gegen ein bestimmtes Objekt oder eine bestimmte Situation entwickelt, ist das Wichtigste überhaupt, das Problem so früh wie möglich anzupacken, das heißt, sobald das Verhalten zum ersten Mal auftritt. Falls Sie das nicht tun, wird das Verhalten durch ständige Wiederholung immer schlimmer und zwanghafter. Schon bei den Ausführungen zum Thema »Jagen« weiter vorn in diesem Kapitel haben wir gesehen, dass ein

Collie umso mehr jagen wird, je öfter er das »High«-Gefühl dabei erfahren hat. Das Jagen wird zur Gewohnheit, die schwerer und schwerer zu brechen ist. Wenn Sie andererseits Ihrem Hund jedesmal, aber auch wirklich jedesmal »Platz und Bleib« oder »Hier« befehlen, sobald er auch nur den leisesten Anschein erweckt, als wolle er gleich zur Jagd ansetzen und ihn mit Spiel oder Leckerchen für seinen Gehorsam belohnen, dann verhindern Sie, dass Ihr Hund das Hochgefühl des Jagens erfährt. Stattdessen etablieren Sie eine neue »Gewohnheit«, nämlich die sofortige Konzentration auf Sie, Ihre Stimme und das alternative Kommando.

Die meisten obsessiven Verhaltensweisen, die mit dem Arbeitsinstinkt zu tun haben, folgen beim Collie den gleichen Regeln. Zunächst ist da der Reiz oder Auslöser, dann darauf folgend eine immer zwanghafter werdende Reaktion. Wenn Sie nicht möchten, dass diese Reaktion sich fest etabliert, müssen Sie einschreiten und sie stoppen, bevor dieser Gewöhnungsprozess eintritt - indem Sie dem Hund stattdessen eine andere, alternative Aufgabe anbieten.

Ähnliche Prinzipien gelten auch für Phobien. Jedesmal, wenn Sie Ihrem Collie erlauben, der Quelle seiner Angst aus dem Weg zu gehen, wird seine Angst nur noch größer, bis es schließlich zur festen Angewohnheit wird, vor unheimlichen Dingen Reißaus zu nehmen. Versuchen Sie also nicht in dem Moment, in dem Sie eine leichte Unsicherheit Ihres Hundes spüren, dem Problem aus dem Weg zu gehen oder den Hund zu beruhigen - was alles noch schlimmer machen würde - sondern gehen Sie einfach weiter Ihrer Wege, tun Sie völlig unbeeindruckt und versuchen Sie, Ihren Hund für ein Spielzeug oder ein gemeinsames Spiel mit Ihnen zu interessieren. So können Sie wirkungsvoll verhindern, dass die anfängliche Angstreaktion stärker wird und sich verfestigt.

Zerstörerisches Verhalten

Zerstörerisches Verhalten kann das Ergebnis von Frustration, Langeweile oder Angst sein, wenn Sie außer Haus sind (siehe weiter hinten zum Thema »Trennungsangst«) - alles typische Stress auslösende Faktoren. Es kann aber auch deshalb auftreten, weil der Hund solche Aktionen schlicht spaßig und spannend findet. Natürlich ist solches Verhalten nicht nur auf Collies beschränkt, aber sie sind eben mit ihrem sensiblen und reaktiven Wesen stärker dafür anfällig, auf Stress mit Problemverhalten zu reagieren, als so mancher andere Hund.

Zernagen von Gegenständen und Buddeln

Wenn sich bei Junghunden zerstörerisches Verhalten in Form von Ankauen verschiedener Gegenstände, Zerkratzen mit den Pfoten oder Löcherbuddeln im Garten äußert, so ist das meist nur Teil einer neugierigen Erkundung der Welt. Wenn Sie diesen Trieb aber nicht früh genug kontrollieren (siehe Kapitel 4), kann es sein, dass Ihr Hund nicht einfach so hinauswächst.

Andere Formen von zerstörerischem Verhalten, besonders bei erwachsenen Hunden, treten fast ausschließlich dann auf, wenn der Besitzer nicht anwesend ist. Typischerweise ist solches Verhalten das Ergebnis der Angst und Frustration, die der Hund beim Alleinesein spürt. Was genau zerstört wird, ist durch das individuelle Problemverhalten bestimmt. Ein Hauptziel der Zerstörung ist meist das Hindernis, das nach Auffassung des Hundes den Weg zu Ihnen versperrt (Tür oder Diele), aber auch Gegenstände, die besonders intensiv Ihren Körpergeruch tragen wie z.B. Schuhe, Bettlaken oder ein bestimmter Stuhl können betroffen sein. Welchen Schaden ein Hund tatsächlich anrichten kann, liegt natürlich auch daran, zu wie vielen Bereichen des Hauses er Zugang hat.

Manche Hunde neigen stärker zu zerstörerischem Verhalten als andere. Man weiß nicht immer, warum das so ist, aber fest steht: Je länger Sie einen dafür anfälligen Hund in seiner Ängstlichkeit alleine lassen und je mehr »Zerstörungsobjekte« für ihn erreichbar sind, desto größer wird der Schaden ausfallen. Der Schlüssel zur Lösung des Problems liegt darin, die Zeiten des Alleineseins für den Hund zu begrenzen und ihm während Ihrer Abwesenheit nur beschränkten Zugang zu bestimmten Hausbereichen oder Gegenständen zu gewähren. Zerstörerisches Verhalten kann auch bei aus dem Tierheim stammenden Hunden auftreten, die ängstlich oder überregt auf die fremde, neue Umgebung reagieren. Je sicherer und vertrauter der Hund sich mit der Zeit in seinem neuen Zuhause fühlt, desto mehr wird das Problemverhalten zurückgehen.

Bellen

Bellen oder Kläffen ist ein Problem, das viele Hundebesitzer ganz unbewusst fördern. Wie oft kann man das immer gleiche Szenario beobachten, das sich ständig wiederholt: Der Hund bellt und der Besitzer schreit ihn an, er solle damit aufhören. Der Hund ist durch die Aufmerksamkeit, die ihm dadurch zuteil geworden ist, erregt und bellt weiter. Wieder schreit ihn der Besitzer an und so geht es immer weiter und weiter ... Sehr schnell hat sich beim Hund eine fest etablierte und für ihn lohnenswerte Gewohnheit gebildet.

Das Verfestigen dieser Gewohnheit wäre viel weniger wahrscheinlich, wenn Besitzer in der Junghundzeit jedes Bellen, das nicht durch eine wirkliche Bedrohung oder eine Warnung ausgelöst wird, stärker ignorieren würden. Wir vergessen immer wieder, wie oft wir unerwünschtes Verhalten des Hundes ungewollt ständig belohnen und bestärken und so die Entwicklung fester Gewohnheiten fördern.

Hunde bellen als Alarmmeldung und Reaktion auf eine wirkliche oder vermeintliche Bedrohung, zum Beispiel einen anderen Hund oder ein Klingeln an der Tür. Das ist für die meisten Besitzer so weit auch kein Problem, da es nur eine kurzfristige Reaktion auf einen bestimmten Reiz ist, die beendet wird, sobald der Reiz verschwindet, d.h. wenn der fremde Hund weggeht oder wenn Sie die Tür öffnen und den Gast willkommen heißen.

Wenn das Bellen aber länger anhält und der Hund daran wachsendes Vergnügen zu finden scheint, ist es wahrscheinlich, dass Sie selbst diese Reaktion auf unterschiedliche Art und Weise gefördert haben. Vielleicht haben Sie immer kräftiger an der Leine geruckt und gezogen, wenn Ihr Hund einen vorbeigehenden fremden Hund anbellte und damit sein Gefühl der Bedrohung noch weiter bestärkt oder Sie haben ihn umso lauter angeschrien und mit ihm geschimpft, je mehr er sich die Seele aus dem Hals kläffte. Der Hund muss kein Einstein sein, um zu merken, dass er umso mehr Rückbestätigung von seinem Menschen erfährt, je mehr und je länger er bellt ...

Bellen vor dem Fernseher

Collies bellen häufig, um Langweile oder Spannungen abzubauen, aus Protest gegen das Alleinesein oder einfach aus Aufregung. Viele reagieren auf anregende, sich bewegende Bilder auf dem Fernsehschirm mit Bellen. Mein eigener Hund hatte in dieser Hinsicht eine besondere Schwäche für Fußballspiele, Dokumentationen über Wildtiere und jede Sendung mit besonders schnellen und temperamentvollen Bildern, natürlich besonders, wenn darauf Hunde zu sehen waren. Im Fernsehen übertragene Hütehundprüfungen brachten ihn an den Rand des Wahnsinns, wenn ich nicht eingriff.

Offensichtlich ist das Bellen vor dem Fernseher stark von Aufregung und Frustration geprägt - Aufregung, weil der Hund Dinge sieht, die er gerne jagen möchte, und Frustration, weil sie für ihn unerreichbar sind. Das kann für uns extrem belastend werden! Unsere automatische Reaktion ist, den Hund anzuschreien, er solle damit aufhören, aber damit tappen wir schon wieder in die Falle, den Hund zum weiteren Bellen zu ermutigen.

Denken Sie immer daran, dass der Hund nicht beabsichtigt, Ihre Nerven blank zu legen. Er handelt einfach nach den Prinzipien von Reiz und Belohnung. Eine Möglichkeit, die Gewohnheit unter Kontrolle zu bekommen, ist, den Hund sofort zu sich zu rufen, wenn er den Eindruck erweckt, als wolle er sich gleich auf den Fernseher stürzen. Lassen Sie ihn, am besten mit dem Rücken zum Fernseher, »Sitz« oder »Platz« machen und belohnen Sie ihn dafür mit einem Leckerchen. Lassen Sie ihn eine Weile in dieser Position verharren und belohnen Sie ihn wieder dafür. Wiederholen Sie diese Übung jedesmal, wenn Ihr Hund den »Fernsehkoller« zu bekommen droht. Wichtig ist das Abpassen des richtigen Zeitpunktes, damit der Hund lernt, dass er für das Kommen zu Ihnen und das Ausführen Ihres Befehls belohnt wird und nicht für das Anbellen des Fernsehers. Wenn Sie konsequent und geduldig so vorgehen, lässt sich das Problem in der Regel gut unter Kontrolle bekommen.

Anbellen des Telefons

Viele Collies sind in ähnlicher Weise auf das Telefon fixiert. Das liegt oft daran, dass wir beim Klingeln des Telefons meist hektisch dorthin eilen und damit Aufregung verursachen. Hunde lassen sich manchmal auch von den plötzlichen Veränderungen verunsichern oder verängstigen, die ein Anruf mit sich bringt. Nicht nur, dass der Besitzer plötzlich dem Hund jede Aufmerksamkeit entzieht, sondern er reagiert manchmal auch aufgeregt, besorgt oder verärgert auf Dinge, die der Hund nicht sehen oder nachvollziehen kann.

Ein oft erteilter Ratschlag zur Therapie dieses Problems ist, einen Freund um regelmäßige Anrufe zu bitten, während Sie versuchen, die Reaktionen des Hundes auf das Telefon wieder ins rechte Lot zu rücken. Tun Sie das, indem Sie betont langsam und unaufgeregt auf das zur vereinbarten Zeit klingelnde Telefon zugehen und den Hund jedesmal mit einem Leckerchen belohnen, wenn er ruhig bleibt. Leider funktioniert das nicht in anderen Situationen, wenn Sie einmal das langsame Gehen vergessen - und ein Leckerchen haben Sie wahrscheinlich auch nicht jedesmal zur Hand, wenn das Telefon klingelt.

Mit der obigen Methode könnten Sie dem Hund auch unabsichtlich vermitteln, dass Sie ihn quasi »bestechen«, damit er etwas nicht tut - anstatt ihn dafür zu belohnen, dass er etwas tut. Collies sind mit Sicherheit klug genug, um diesen Unterschied zu erkennen und sie ziehen jedesmal in dieser Situation bestimmte Schlüsse auf Ihre Autorität. Viele von ihnen werden nicht lange brauchen, um herauszufinden: Wenn ich erst belle, dann ruhig bin, anschließend wieder belle und ruhig bin und so fort, bekomme ich insgesamt mehr Leckerchen, als wenn ich die ganze Zeit des Telefonates über ruhig bliebe. Und gleichzeitig wird mir mehr Aufmerksamkeit von Herrchen oder Frauchen zuteil!

Eine andere Möglichkeit, dieses Szenario zu beenden (von der Telefonrechnung Ihres armen Freundes wollen wir gar nicht sprechen!) ist, ein sehr lautes und überzeugend-autoritäres »Nein« oder »Platz« auszusprechen, wenn Ihr Hund beim Klingeln des Telefons bellt. Der richtige Ton und die Autorität in der Stimme sind hier wichtiger als die Wortwahl, vorausgesetzt, Sie haben die Bedeutung solcher lauten Kommandos nicht schon durch ständige Benutzung überstrapaziert und abgenutzt. Wie so viele offensichtlich scheinende Lösungen kann auch diese sehr effektiv sein. Denken Sie daran, gleichzeitig direkten Blickkontakt zu Ihrem Hund aufzunehmen, damit er nicht etwa glaubt, Sie wollten sich nur am »Bellen« beteiligen.

Bellen, wenn Sie aus dem Haus sind

Eines der häufigsten Probleme, von dem Colliebesitzer berichten, ist Non-Stop-Bellen, wenn man außer Haus ist. Dies ist zwar eher ein Problem für die Nachbarn als für einen selbst, kann aber sehr schnell zu größeren Unstimmigkeiten führen und bei allen, die dem ausgesetzt sind, eine niedrigere Toleranzschwelle gegen Bellen generell bewirken.

Es ist sicher kein Geheimnis, warum Hunde bellen, wenn ihre Besitzer außer Haus sind - es ist eine Kombination aus Angst, Langeweile und Frustration. Bellen, wie sie bald feststellen, verdrängt und erleichtert solche Gefühle und wird mit der Zeit zu einer liebgewonnen Freizeitbeschäftigung. Vielleicht versucht der Hund auch, seinen Besitzer »zurückzurufen«. Da der Besitzer aber immer irgendwann zurückkommt, hat sich die Bellstrategie in den Augen des Hundes als sehr lohnens- und wiederholenswert erwiesen.

Wie macht man dem ein Ende? Versuchen Sie zuerst herauszufinden, wie es angefangen hat. Wenn das Bellen Ausdruck von Angst vor Einsamkeit oder Trennung ist, sollte dieselbe natürlich schon vom Welpenalter an bekämpft werden (siehe Trennungsangst). Wenn der Hund gelangweilt und frustriert ist, liegt dies meist daran, dass er zu oft und zu lange ohne Gesellschaft oder irgendwelche Abwechslung alleine gelassen wurde. Bei Collies führt das garantiert zu Versuchen des Abreagierens in irgendeiner Form!

Generell kommen Collies viel besser mit dem Alleinsein zurecht, wenn sie langsam und allmählich daran gewöhnt werden, und das möglichst als Teil des gewohnten Tagesablaufes - zum Beispiel nach dem Füttern oder nach dem Spaziergang. Beginnen Sie den Hund an Zeiten des Alleineseins und der Inaktivität zu gewöhnen, während Sie noch im Haus sind, zum Beispiel im Nachbarraum. Er wird bald lernen ruhig zu sein, besonders wenn er sich vorher schon bewegen und fressen konnte. Geben Sie ihm einen Hundekuchen und ein Spielzeug oder lassen Sie vielleicht das Radio an. Mit der Zeit können Sie die Zeit des Alleinseins für Ihren Hund immer weiter verlängern, vorausgesetzt, Sie gehen immer nur dann zu Ihrem Hund zurück, wenn er gerade ruhig ist. Collies kommen nur schwer mit längeren Perioden des Alleinseins (über vier Stunden) zurecht, besonders, wenn sie während dieser Zeit keine Ablenkung (z.B. durch Spielzeug) haben - deshalb bestimmt nicht der richtige Hund für Menschen, die den ganzen Tag außer Haus sind! Wenn dies in Ihrem Fall nicht mehr anders geht, wäre es als Kompromiss zur Vorbeugung gegen Bellen aus Langeweile vielleicht machbar, einen Freund oder Nachbarn zu bitten, ein- oder zweimal kurz nach dem Hund zu sehen oder mit ihm einen kurzen Spaziergang zu unternehmen. Das verhindert hoffentlich, dass Ihr Ruf in der Nachbarschaft ruiniert wird und hilft, den Seelenfrieden Ihres Hundes zu erhalten.

Trennungsangst

Trennungsangst kann, wie wir bereits besprochen haben, ein besonderes Problem bei Collies sein, die ein starkes Bedürfnis haben, Teil eines »Rudels« zu sein und die das Alleinesein besonders bedrohlich und beunruhigend finden. Eine besonders verschärfte Form der Trennungsangst kommt oft bei Hunden vor, die das Alleinesein im Welpenalter nie gelernt haben oder die aus irgendeinem Grund eine übertrieben starke Bindung an ihren Besitzer entwickelt haben.

Alleinesein ist für keinen Hund eine Normalsituation. Viele haben nicht nur Schwierigkeiten damit, zu akzeptieren, dass der Besitzer zu bestimmten Zeiten aus für sie nicht verständlichen Gründen weggeht, sondern fragen sich auch, ob er denn überhaupt wiederkommt. Es wird eine Spirale der Angst in Gang gesetzt, verbunden mit all den Stress bedingten Problemen wie zerstörerischem Verhalten, Bellen oder zwanghaftem Verhalten.

Diese Angst kann bei Tierheimhunden ganz besonders stark ausgeprägt sein. Das liegt nicht nur daran, dass sie in der Vergangenheit schon mindestens eine Erfahrung des tatsächlichen Verlassen-Werdens durch den Besitzer gemacht haben, sondern meistens eher daran, dass ihnen während der ersten Wochen und Monate in ihrem neuen Zuhause ganz besonders viel Aufmerksamkeit zuteil wird. Der neue Besitzer verspürt den verständlichen, aber nicht unbedingt hilfreichen Wunsch, die Vernachlässigung im früheren Leben zu kompensieren und wieder gut zu machen. Je mehr Aufmerksamkeit der Hund aber von seinem neuen Besitzer erfährt, desto schmerzhafter wird für ihn eine Trennung von demselben.

Viele Hunde können stufenweise lernen, Zeiten des gelegentlichen Alleinseins zu akzeptieren. In der Welpenzeit kann man Zeiten festsetzen, während derer der kleine Hund keine Aufmerksamkeit von Ihnen bekommt, Sie sich aber noch im Haus aufhalten. Manche Experten raten, ein Handtuch über die Tierklinke zu hängen oder irgendeinen bestimmten Gegenstand auffällig zu platzieren, um damit für den Hund Anfang und Ende der Alleinsein-Zeiten kenntlich zu machen. Viele Hunde brauchen aber lange, um die Bedeutung solcher Symbole verstehen zu lernen, andere finden schnell neue Wege, um Ihre Aufmerksamkeit zu erregen - ob Handtuch an der Tür oder nicht.

Man kann gar nicht oft genug betonen, wie wichtig es ist, einem Collie schon im Welpenalter Trennung und Alleinesein beizubringen, und zwar am besten über feste Aufenthaltszeiten im Käfig (siehe Kapitel 4). Eine mir bekannte Besitzerin eines Tierheim-Collies mit akuter Trennungsangst fand eine andere Problemlösung: Ungefähr eine Woche lang ging sie täglich ständig zur Haustür hinaus und hinein und steigerte dabei die Zeit ihrer Abwesenheit von anfangs wenigen Minuten zu später mehreren Stunden. Dabei beachtete sie den Hund beim Weggehen kaum und machte auch kein Aufhebens beim Wiederkommen, ließ aber immer ein Kleidungsstück mit ihrem Geruch zum Trost zurück sowie ein paar Spielsachen und ein futtergefülltes Spielzeug, um den Hund beschäftigt zu halten. Kein Wunder, dass die Nachbarn ihr Verhalten für gelinde gesagt seltsam hielten, aber es funktionierte. Auch wenn sie heute ihren Hund niemals über lange Zeit alleine lassen würde, akzeptiert dieser jedoch inzwischen ohne Probleme, dass er von

Zeit zu Zeit auch einmal für ein paar Stunden lang alleine bleiben muss.

Jeder, der sich über das Ausmaß der Angst eines alleine gelassenen Hundes wundert, hat noch nicht verstanden, was es für einen Hund bedeutet, nicht in seinem Rudel sein zu dürfen. Der tief sitzende Wunsch des Hundes, innerhalb eines Rudels zu kooperieren und sich nach dessen Bedürfnissen zu richten, stammt nicht nur einfach aus persönlichen Vorlieben, sondern aus dem Instinkt, zu überleben. Hunde müssen gemeinsam im Rudel jagen, um zu überleben, außerdem sich selbst, sich gegenseitig und ihr Revier verteidigen. Ein alleine gelassener Hund hat instinktiv Todesangst. Um ihm diese Angst zu nehmen, müssen Sie immer wieder die Überzeugung in ihm festigen, dass Sie ihn nur vorübergehend und nicht ein für allemal verlassen.

Manchmal kann es viel Zeit und Überzeugungskraft kosten, dies zu erreichen, denn man kann von keinem Hund erwarten, eine seiner größten natürlichen Ängste über Nacht abzulegen. Daraus wird aber auch klar, wie viel Stress und Angst wir bei einem Hund auslösen können, den wir zu einem Leben ganz nach unseren eigenen Bedürfnissen zwingen und dessen eigene Grundbedürfnisse und Erwartungen wir außer Acht lassen.

Es wird immer Zeiten geben, in denen Sie nicht mit Ihrem Hund zusammen sein können. Aber ein oder zwei Stunden gelegentlichen Alleinseins, an die der Hund allmählich und ohne Trauma gewöhnt wurde, oder dauernde endlose Tage, verbracht mit angsterfülltem und verzweifeltem Warten, sind zwei sehr verschiedene Dinge. Manche Hunde kommen mit dem Alleinesein besser zurecht als andere. Generell scheint es aber eine Tatsache zu sein, dass die meisten Collies nicht mit regelmäßigen und langen Zeiten des Alleinseins zurechtkommen - ohne sinnvolle Beschäftigung, Rückhalt im Rudel und Leittier. Vielleicht sollten wir uns auch fragen, wie fair es von uns ist, das zu erwarten.

Bevor wir uns im nächsten Kapitel eingehender den Themen Stress und Aggression beim Collie widmen, möchte ich abschließend noch einmal diese wichtigen Punkte betonen:

1. Das Dasein eines Collies sollte niemals von Unterdrückung und Missfallensäußerungen geprägt sein. Er muss eine gewisse Handlungsfreiheit haben, spüren, dass das Leben gut ist und regelmäßig Gelegenheit haben, seine naturgegebenen körperlichen und geistigen Energien konstruktiv abzuarbeiten. Solche

regelmäßigen positiven gemeinsamen Erlebnisse und Erfahrungen machen nicht nur Ihren Hund glücklicher und ausgeglichener, sondern stärken auch Ihre Bindung zu ihm - wodurch es auch wahrscheinlicher wird, dass Ihr Hund kooperiert, wenn Sie ihn um etwas mehr Beherrschung seiner natürlichen Instinkte und Triebe im häuslichen Umfeld bitten.

2. Vergessen Sie nie, wie sehr ein Collie auf Lob reagiert. Erhalten Sie sein Selbstbewusstsein und seine Kooperationsbereitschaft, indem Sie ihn immer loben, wenn er etwas richtig gemacht hat. Zerstören Sie nicht ein für allemal sein Wesen, indem Sie unverhältnismäßig grobe Strafen für kleinere Vergehen einsetzen.

3. Achten Sie auf den optimalen Einsatz von Belohnungen. Wenn Sie eine »richtige« Handlung oder Reaktion im Gehirn des Hundes verankern möchten, sind Futterbelohnungen oft der schnellste und wirksamste Weg, die gewünschte Botschaft zu übermitteln. Sobald der Hund verstanden hat, worum es geht, führt ihr dauernder Einsatz aber nicht nur dazu, dass die Motivation des Hundes zur schnelleren oder besseren Reaktion auf Ihr Kommando abnimmt, sondern hat auch den faden Beigeschmack von Bestechung. Sie möchten doch schließlich, dass Ihr Hund aus Respekt vor Ihnen und aus Kooperationsbereitschaft auf Ihr Kommando gehorcht und nicht nur deshalb, weil er Futter erwartet. Wenn er nur auf Sie hört, solange Sie ein Leckerchen in der Hand haben - was nutzt Ihnen das dann, wenn Ihr Hund gerade am Horizont verschwindet oder auf der anderen Seite der Wettkampfbahn steht? Futterbelohnungen werden am besten so lange eingesetzt, bis man die gewünschte Reaktion beim Hund erarbeitet hat und dann nur noch gelegentlich, um nur die besten Leistungen zu belohnen, bis sie schließlich ganz weggelassen und durch stimmliches Lob ersetzt werden.

Sollte die ausführliche Schilderung aller möglichen Probleme Ihnen nun zum guten Schluss etwas die Laune verdorben haben, denken Sie bitte auch an das Positive. Es gibt nur wenige so auf Arbeit versessene Hunderassen wie den Collie, aber auch nur sehr wenige, die ihm an Fähigkeit und Bereitschaft gleichkommen, ihre Talente auf andere Anforderungen umzuorientieren, wenn man ihnen mit Verständnis entgegenkommt und die Kommunikation zwischen Mensch und Hund stimmt.

Das kann man gut daran sehen, wie erfolgreich sich Collies in den verschiedensten Disziplinen hervortun - von Rettungshundeeinsätzen bis hin zu Assistenzhunden für behinderte Menschen, von Agility, Flyball und Obedience bis hin zur Fährtenarbeit. Vielleicht ist das auch der Grund, warum so viele Menschen, die einmal erfolgreich einen Collie hatten, niemals mehr über eine andere Hunderasse nachdenken. Wenn Sie den Respekt und das Herz eines Collies gewinnen, wird er im Gegenzug auch Spuren in Ihrem Herzen hinterlassen.

Kapitel 7

AGGRESSIONEN UND STRESS BEIM COLLIE VERSTEHEN

Aggression ist ein äußerst Besorgnis erregendes Thema für jeden Hundehalter, aber auch eines, das regelmäßig missverstanden und falsch eingeschätzt wird. Manchmal vergessen wir, wie sehr verbale oder physische Aggression eine regelmäßig auftretende Reaktion in unserem eigenen Leben ist, wenn wir unter Druck stehen oder uns bedroht fühlen. Das ist für Menschen genauso normal wie für Hunde.

Es gibt viele Gründe dafür, warum ein Hund innerhalb seiner instinktiven Logik auch das Bedürfnis hat, aggressiv zu sein: Er fühlt sich bedroht, er möchte sich selbst, seinen Status, sein Rudel oder sein Revier verteidigen. Stärke und Schnelligkeit seiner Verteidigungsreaktion können auch von anderen Faktoren beeinflusst werden, von Schmerz und erhöhter Verletzbarkeit (wenn in die Enge getrieben oder angebunden) über individuelle genetische Veranlagung bis hin zu vorhandenen Levels von Stress.

Es ist eine Sache, dies alles zu verstehen, aber instinktiv mögen wir weder aggressive Hunde noch den Anblick eines großen Raubtiergebisses. Beides jagt uns von Natur aus Angst ein. Als wir die Hunde zu unseren Lebensgenossen machten, haben wir auf viele ihrer natürlichen Verhaltensweisen die Fesseln der Restriktion aufgelegt, aber es dabei natürlich dennoch nicht geschafft, diese Instinkte völlig zum Verschwinden zu bringen. Wichtig ist, sich der Kraft und des Potenzials dieser Instinktreaktionen bewusst zu sein, wenn sie einen Auslöser finden. Wie bei allen anderen Hunden auch hat der Umgang mit Aggression bei Collies genauso viel mit Vorbeugung wie mit »Heilung« zu tun.

Zwei der am häufigsten beklagten Aggressionsformen beim Collie sind Angst- oder Verteidigungsaggression und Dominanzaggression. Das bedeutet natürlich nicht, dass Collies aggressiver sind als irgendeine andere Rasse, denn es gibt innerhalb jeder Rasse Individuen mit den verschiedensten Temperamenten und Wesenszügen. Es bedeutet lediglich, dass diese beiden Arten der Aggression die häufigsten sind, wenn denn individuelle Collies Aggressionen zeigen. Schauen wir uns beide einmal etwas näher an:

Angstaggression

Oft sind Hundebesitzer der Meinung, Aggression sei gleich Aggression. Wenn alles auf die gleichen Probleme und Szenarien hinausläuft, warum sollte man sich dann damit aufhalten, verschiedene

Formen der Aggression voneinander zu unterscheiden? Die Antwort lautet:

a) weil man nur schlecht ein Problem lösen kann, das man nicht versteht und
b) Sie das Problem vermutlich verschlimmern, wenn Sie seine Ursachen nicht verstehen.

Was bedeutet Angstaggression beim Collie? Dazu gibt es mehrere Theorien, aber im Großen und Ganzen wird sie definiert als »Der Hund schreit schon, bevor man zugeschlagen hat« - in anderen Worten: Eine aktuelle Bedrohung muss sich gar nicht erst materialisieren, der Hund zieht schon vorher alle Register der Verteidigung. Ein kurzes Gefühl der Bedrohung kann schon ausreichen, um diese Reaktion in ihm auszulösen.

Hundebesitzer sind durch solches Verhalten oft sehr verunsichert. Es kann für sie schwer zu glauben sein, dass der Hund, der gerade zur heftigen Attacke gegen einen anderen Hund oder einen Menschen ansetzt, gleichzeitig Angst haben soll oder dass Angst und Unsicherheit die Auslöser für das Verhalten sein sollen. Wenn ein Collie ängstlich ist, müssen wir uns fragen, warum dieser individuelle Hund so geworden ist. Häufig wirkt eine solche übertriebene Verteidigungshaltung auf uns sehr beängstigend und scheint dazu noch meist aus heiterem Himmel zu kommen. Aber ist dem wirklich so?

Natürlich ist jeder Hund anfälliger für Verteidigungsreaktionen, wenn er sich verletzlich fühlt, Schmerzen hat, krank ist oder Medikamente bekommt, die sich auf sein Verhalten auswirken. Wurde er in der Vergangenheit falsch und grob behandelt, leidet er vielleicht grundsätzlich unter Angst und mangelndem Vertrauen, besonders, wenn er eine Person oder einen Gegenstand sieht, die ihn an die schrecklichen Ereignisse der Vergangenheit und die empfundene Bedrohung erinnern.

Aber auch züchterische Faktoren - zu enge Inzucht oder nicht nach Wesensmerkmalen selektierte Elterntiere - spielen eine Rolle. Hunde, die als Welpen nicht frühzeitig Kontakt zum Menschen hatten und sozialisiert wurden, sind ebenfalls anfälliger für Angstaggression. All diese Faktoren findet man häufig auf »Welpenfarmen«, also bei kommerziellen Hundezüchtern, auf denen Rüden und Hündinnen als nichts weiter als Zuchtmaschinen betrachtet werden - einer der Gründe dafür, warum so viele Collies mit extremen Angstaggressionsproblemen aus solchen Verhältnissen kommen!

Wie bereits erwähnt, kann jeder plötzliche Stress eine schnelle und instinktive Reaktion beim Collie auslösen. Dazu gehören auch plötzliche laute Geräusche und Knalle (wie Feuerwerk oder Donner), da Collies besonders geräuschempfindlich sind. Vorsichtige Gewöhnung an laute Geräusche im Welpenalter befähigt den Hund in aller Regel dazu, später als Erwachsener besser damit zurecht zu kommen (siehe auch »Sozialisation« in Kapitel 4).

Davon abgesehen sagt man Collies als Rasse oft eine Tendenz zur Angstaggression nach. Manchmal wird »Angst« aber auch mit einer generellen Tendenz zur Überreaktion verwechselt, wenn der Hund unter erhöhtem Druck steht - auch das kann genetisch bedingt sein. Collies wurden jahrhundertelang auf Sensibilität und besonders schnelle Reaktionen hin gezüchtet. Es wäre deshalb nur logisch, anzunehmen, dass sie auch in dieser Hinsicht mental schneller erregbar sind.

Wichtig ist, die Angst- oder Verteidigungsaggression eines Collies in den richtigen Grenzen zu halten. Die Prozentzahl derjenigen Hunde, die diesbezüglich als ernsthaftes Problem betrachtet werden müssen und die auch nicht mehr auf Therapien ansprechen, ist allerdings gering. Der wichtigste Punkt im Umgang mit dieser Art von Aggression ist, sie bereits im Frühstadium zu erkennen und so mit ihr umzugehen, dass sie sich nicht verschlimmert. Das geübte Auge kann die »klassischen Anzeichen« für einen angstaggressiven Hund erkennen; beispielsweise zurückgerichtete Ohren, eine generell eher zurückgezogene Körperhaltung. Trotzdem ist es besser, einen Experten für Hundeverhalten um Rat zu fragen, wenn Sie nicht sicher sind, und zwar nicht nur was das Erkennen, sondern auch was den Umgang damit angeht. Das Wort »Experte« möchte ich hier ganz besonders betonen - es sollte jemand sein, der wirklich etwas von dieser Art von Aggression bei Collies versteht (und nicht nur von Hundeverhalten allgemein) und der in der Vergangenheit ähnliche Fälle bereits nachweislich erfolgreich behandelt hat - Fälle, in denen sich das Verhalten der Hunde so weit gebessert hat oder unter Kontrolle gebracht werden konnte, dass ein ausgeglicheneres und glücklicheres Dasein möglich war.

Um eine Vorstellung von den Tragödien zu bekommen, die sich abspielen können, wenn verzweifelte Hundebesitzer sich von selbst ernannten Möchtegern-Experten beraten lassen, sei hier stellvertretend die Geschichte einer jungen Colliehündin erzählt, die bei der Tierschutzorganisation »Border Collie Trust of Great Britain« abgegeben wurden.

Jennie Booth, Betreiberin dieser Organisation, berichtet: »Anfangs hatte diese Hündin nichts weiter als ein bei Welpen häufiges Problem der Futterverteidigung, das man mit etwas vernünftigem, korrektivem Training an Ort und Stelle hätte lösen können.« (Der Besitzer kann z.B. dafür sorgen, dass sein Anblick in der Nähe des Futternapfes für den Hund immer mit etwas Angenehmem verknüpft ist. Er könnte einen leeren Napf vor den Hund stellen und ihn Stück für Stück mit etwas Leckerem füllen, bis der Hund mit der Zeit realisiert, dass kein Futternachschub kommt, wenn er knurrt, schnappt oder sich sonstwie schlecht benimmt - und dass Sie Futter in den Napf füllen, anstatt ihm denselben wegzunehmen).

Jedenfalls erzählt Jennie weiter: »Der Besitzer dieser Hündin sagte, er würde es auf keinen Fall tolerieren, dass sie ihn anknurre und wandte sich deshalb ratsuchend an einen 'Experten', von dem er folgenden Rat bekam: Wenn der Hund das nächste Mal knurre, solle er ihn am Nackenfell packen, hochheben und schütteln, bis er vor Angst urinieren würde. Anschließend solle er ihn auf seinen Liegeplatz werfen und kräftig verhauen. Und der Besitzer tat all das ... wiederholt. Können Sie sich etwas Grausameres und das Wesen mehr Zerstörendes für einen jungen Hund vorstellen?«

Jeder, der auf Angst- oder Verteidigungsreaktion eines Collies ebenfalls mit Aggression reagiert, ist auf dem besten Weg in ein Desaster. Anstatt dem Hund den Anlass für sein verteidigendes Verhalten zu nehmen, gibt er ihm noch weitere Gründe dafür. Um weniger Angst zu haben, muss ein Hund Vertrauen in seinen Besitzer erwerben. Sie würden niemandem mehr ein Wort glauben, der Sie zuvor geschlagen oder angelogen hat, wenn Sie Angst hatten. Einem Hund ergeht es nicht anders.

Die Therapie eines angstaggressiven Collies hat sehr viel mit Vertrauensaufbau zu tun. Die ängstlichen oder von Verteidigungsverhalten bestimmten Reaktionen des Hundes sollten möglichst einfach ignoriert werden, anstatt übermäßig beruhigend und tröstend auf ihn einzureden - denn genau das würde dem Hund suggerieren, dass es in Ordnung ist, Angst zu haben. Wenn man das ängstliche oder verteidigende Verhalten herunterspielt, indem man es einfach übersieht oder ganz nonchalant ein Spiel beginnt, das den Hund ablenkt und in andere Stimmung versetzt, legt man beim Hund den Grundstein für die Einsicht, dass sein Verhalten sowohl unpassend als auch unnötig ist. Zu dieser Einsicht muss der Hund jedoch mit der Zeit selbst gelangen! Er sollte nie unter Druck gesetzt werden, um eine Verteidigungshaltung aufzugeben oder aus der Ecke hinauszukommen, da dies den gesamten Lernprozess zunichte machen könnte.

Hilfreich sind weiterhin eine generelle Stressreduzierung und der Gebrauch von »Calming Signals«, bestimmten, beruhigend wirkenden Körpergesten, von denen später noch die Rede sein wird. Vergessen Sie nie, welch überaus sensible Hunde Collies sind. Genau aus diesem Grund können sie Menschen, von denen sie respektiert und verstanden werden, solch einmalige Qualitäten bieten - und von denen zugrunde gerichtet werden, denen dieses Verständnis fehlt.

Dominante Hunde und stressbedingte Aggression

Genauso wie extrem sensible und/oder ängstliche Collies gibt es auch solche, die recht dominant werden können, wenn man ihnen genug Gelegenheit dazu bietet. In Kapitel eins haben wir bereits gesehen, wie eine gewisse Willensstärke und dominante Persönlichkeit dem Collie bei seiner traditionellen Aufgabe helfen - starrsinniges Vieh zu hüten und zu treiben, das größer ist als er selbst. Die gleichen Charakterzüge verschwinden nicht einfach, wenn der Hund in eine Familie kommt. Probleme mit Dominanz und Dominanzaggression kommen meist häufiger bei Rüden vor. Und meistens sind ihre Besitzer extrem nette und freundliche Menschen!

Es gibt viele Menschen, die mit dominanten Hunden zusammen leben und es vielleicht gar nicht wissen. Sie wissen nur, dass ihr Hund nach eigenem Belieben selbst entscheidet, wohin im Haus er geht und wo er schläft. Er fordert Futter, wenn er Hunger hat, rennt mit Spielsachen weg, die seiner Meinung nach ihm gehören, verlangt nach unserer Aufmerksamkeit, wenn ihm danach zumute ist und beendet sie auch wieder.

Ein solcher Hund scheint gar nicht mal »problematisch« zu sein. Warum auch, solange er tun kann, was er möchte und den Tagesablauf bestimmt? Sie könnten allerdings feststellen, dass er nichts von dem tun möchte, was Sie wünschen. Und sollten Sie versuchen, seinen Sessel wegzurücken oder ihm sein Spielzeug wegzunehmen, kann leicht ein Hauch von Aggression in die Luft geraten.

Es kann sehr gefährlich sein, einen Hund mit hohem Statusbewusstsein plötzlich in direkter Konfrontation herauszufordern. Stattdessen müssen Sie an seiner Auffassung vom tatsächlichen Platz in der Rangordnung arbeiten. In Kapitel 5 haben wir gesehen, wie man das bei Junghunden erreichen kann. Viele der Prinzipen dieser »Statussenkung« kann man auch auf erwachsene Hunde anwenden, man benötigt nur mehr Zeit und Geduld, um Erfolg zu haben - siehe dazu den nächsten Abschnitt über Führungsqualitäten.

Man muss auch realistisch bleiben und sagen, dass sich manche Menschen, insbesondere solche mit weniger Selbstbewusstsein, von einem dominanten Hund stark einschüchtern lassen. Viele geben deshalb nicht gerne zu, dass sie einen solchen Hund haben, drücken sich um den heißen Brei herum und bezeichnen ihren Hund einfach als »ungezogen«.

So manch einer mag zu dem Schluss kommen, es sei doch einfacher, den Hund einfach tun zu lassen was er wolle, um allen Schwierigkeiten aus dem Weg zu gehen. Kommt Ihnen das bekannt vor? Solche Hunde sind meist für andere Menschen und Hunde genauso ein Problem wie für ihre Besitzer. Es ist kein Vergnügen, einen solchen Hund zu besitzen.

Besitzer dominanter Hunde, die darum kämpfen, die Oberhand zu gewinnen, sind oft versucht, ihren Hund »mal kurz zur Korrektur wegzugeben«. Das kann zum Desaster werden. Wie gut kennen Sie den Trainer wirklich, zu dem Sie Ihren Hund schicken? Woher wissen Sie, dass er oder sie keine Strafen oder andere brutale Trainingstechniken einsetzt, die Ihren Hund zutiefst verängstigen und damit nach seiner Rückkehr eventuell noch gefährlicher als vorher machen?

Man kann einen Hund nicht zum Trainer schicken wie eine kaputte Uhr zum Uhrmacher und hoffen, dass damit alle Sorgen ein Ende hätten. Der Trainer muss nicht mit Ihrem Hund und den eventuellen Konsequenzen der Erziehungsversuche leben - Sie schon. Die meisten guten Hundetrainer bestehen darauf, dass jedes »Korrekturtraining« nur im Beisein und unter Beteiligung des Besitzers durchgeführt wird und dass nur sanfte Methoden verwendet werden. Denken Sie daran: Es ist keine Kunst, einem Hund Angst einzujagen - und wenn Sie Ihren dominanten Hund gegen einen ängstlichen Hund eintauschen, ist das sicher keine Lösung des Problems.

Führungsqualitäten

Der starke Sinn eines Collies für die Rangordnung im Rudel liegt oft an der Wurzel aller dominanzbezogenen Probleme. Dieser Sinn verleiht ihm die unfehlbare Fähigkeit, jedes Anzeichen von Schwäche in der »Befehlskette« des Haushaltes zu entdecken. Jedesmal, wenn wir einen Collie den Ablauf der Ereignisse in unserem Haus bestimmen lassen - zum Beispiel die Zeiten zum Füttern, Spazierengehen, Streicheln, Spielen, Leckerchen füttern - können wir bei ihm Verwirrung darüber schaffen, wer denn nun wirklich die Führungsrolle im Rudel inne hat.

Manche Collies fühlen sich dann gezwungen, aus dieser unklaren Sachlage ihren Vorteil zu ziehen. Die einen tun es, indem sie eine ganze Reihe manipulativer Verhaltensweisen wie Winseln, Bellen oder ähnliche Formen von Belästigungen anwenden, um das Gewünschte von Ihnen zu bekommen - sei es Futter, ein Spiel oder einfach nur Aufmerksamkeit. Andere, dominanter veranlagte Hunde können versuchen, ihren Besitzer (dem es in ihren Augen an Autorität mangelt) auch körperlich herauszufordern.

Es ist viel leichter, als Sie denken, einem Collie die falsche Vorstellung von ihrer wahren Autorität zu vermitteln. Jedesmal, wenn Sie Ihrem Hund etwas »umsonst« geben, seien es Leckerchen oder Spielzeuge, ohne dass er etwas dafür tun musste, wenn Sie ihn grundlos loben, ihm den Vortritt durch die Tür oder die Treppe hinauf lassen oder ihm Zugang zu »privilegierten« Wohnbereichen wie Sitzmöbel oder Schlafzimmer gewähren, teilen Sie ihm unabsichtlich mit, dass er »wichtiger« ist, als er eigentlich sein sollte.

Wenn Sie vermuten, dass Ihr Hund im Haus zu sehr seiner eigenen Wege geht und das für Sie zu Problemen mit seinem Verhalten führt - z.B. durch allgemeinen Ungehorsam oder die Tendenz zur körperlichen Herausforderung - müssen Sie folgendes tun:

Schenken Sie Ihrem Hund niemals unverdiente Aufmerksamkeit. Ignorieren Sie ihn beispielsweise in den ersten fünf Minuten des Nachhausekommens völlig, ganz gleich, wie sehr er Ihre Aufmerksamkeit zu erregen versucht. Dann erst rufen Sie den Hund zu sich und begrüßen oder streicheln ihn wie gewohnt.

Gewöhnen Sie sich an, den Hund immer zu sich zu rufen, bevor er Aufmerksamkeit von Ihnen bekommt - lassen Sie nicht zu, dass er diese von Ihnen erbettelt oder einfordert. Sollte der Hund Sie in irgendeiner Form belästigen, ignorieren Sie ihn so lange, bis er sich wieder beruhigt hat.

Geben Sie Ihrem Hund niemals Leckerchen außer als Belohnung im Training.

Ihr Hund muss lernen, das Kommando zum sofortigen Hinlegen und Liegenbleiben zu befolgen, und zwar genau dann, wenn Sie es ihm sagen und bis Sie ihm erlauben, wieder auf-

zustehen. Dieses Kommando macht Ihrem Hund nicht nur immer wieder klar, dass Sie Autorität über seine Handlungen haben, es ist auch sehr praktisch in allen Situationen anzuwenden, in denen Ihr Hund etwas Unerwünschtes tut.

Wenn Sie mit Ihrem Hund spielen, müssen Sie den Zeitpunkt für Beginn und Ende des Spiels festsetzen. Das Gleiche gilt für Spaziergänge und Futtermahlzeiten - all das findet nur statt, wenn Sie es beschließen. Sollte Ihr Hund versuchen, um einen Spaziergang oder ein Spiel zu betteln, ignorieren Sie ihn, bis er sich beruhigt hat.

Lassen Sie den Hund nicht auf Sitzmöbel und ins Schlafzimmer. Sollte er jemals von der Treppe herab Menschen »bedroht« haben, muss er künftig in der unteren Etage bleiben. Notfalls hilft dabei ein Treppenabsperrgitter für Kinder.

Dies sind nur einige Grundstrategien, die dabei hilfreich sein können, die Auffassung des Hundes von seinem eigenen Platz in der Rangordnung gegenüber Ihnen oder anderen Familienmitgliedern zu ändern. Es kann viel Geduld und eiserne Konsequenz nötig sein, um dies dauerhaft so zu praktizieren, aber je beharrlicher Sie sind, desto mehr Erfolg werden Sie sehen.

Bei übermäßig dominanten Rüden wird manchmal eine Kastration empfohlen. Der Grad des Erfolges ist hierbei unterschiedlich, je nachdem, in welchem Alter die Operation vorgenommen wurde und wie viel von dem dominanten Verhalten bereits durch Wiederholung und Gewohnheit fest etabliert wurde, anstatt nur hormonell bedingt zu sein. Besprechen Sie das Thema mit Ihrem Tierarzt und erwägen Sie auch eine Futterumstellung. Eine fett- und proteinärmere Ernährung sorgt oftmals für einen wesentlich ruhigeren Hund.

Stress beim Collie

Wir alle wissen, was passiert, wenn wir uns gestresst fühlen. Wir fühlen uns zappelig und gereizt. Wir finden es schwer, klar zu denken oder uns auf eine einfache geistige Aufgabe zu konzentrieren, die nichts mit dem Grund unserer Unruhe zu tun hat. Wir neigen zu übersteigerten Reaktionen auf Bemerkungen und Gesten, die wir im Normalfall weder als bedrohlich noch als ärgerlich empfunden hätten. Unser Magen ist in Aufruhr. Ob wir es realisieren oder nicht - es sind Reaktionen unseres Körpers und Veränderungen im Stoffwechsel, die dieses Verhalten in uns auslösen. Die körperlichen Reaktionen auf Stress wie z.B. beschleunigter Kreislauf, Freisetzen von Energie oder verschärfte Verteidigunsgreaktionen sind für alle Tiere und den Menschen überlebenswichtig. Bei Hunden erkennen wir das aber oft nicht immer so klar wie bei uns selbst.

In Anbetracht der hohen Sensibilität des Collies und seiner Fähigkeit zu fein abgestimmten Reaktionen kann man sich leicht vorstellen, warum diese Rasse besonders anfällig für Stress und seine körperlichen und geistigen Auswirkungen ist und warum sie stärker darauf reagiert. Auch bei Menschen gibt es eine ähnliche Veranlagung, die man in der Welt der Medizin nun als »Typ A - Persönlichkeit« definiert hat. Solche Menschen sind ständig auf dem Sprung, hoch motiviert und leicht zu Verteidigungsreaktionen zu provozieren. Vielleicht sieht so mancher Colliebesitzer Ähnlichkeiten zwischen diesem Persönlichkeitstyp und seinem Hund.

Wenn Collies von ihren Besitzern als »verrückt« oder »sich seltsam benehmend« von ihren Besitzern beschrieben werden, muss man unbedingt herausfinden, in welchem Maß dem Problem Stress zugrunde liegen könnte und was man möglicherweise dagegen tun könnte. Ein unter Stress stehender Collie könnte eines oder alle der folgenden Symptome zeigen:

Er ist ruhelos und übermäßig aktiv.
Er kann sich nicht auf geistige Aufgaben oder Trainingskommandos konzentrieren.
Er ist außergewöhnlich reaktiv/defensiv/destruktiv.
Er kratzt, leckt oder beißt sich selbst.
Er verliert Appetit/verliert Gewicht.
Er zittert.
Er bellt oder winselt ohne ersichtlichen Anlass.
Er ist von scheinbar sinnlosen, sich wiederholenden Handlungen besessen (z.B. Jagen der eigenen Rute).
Er hat eine schlechtere Gesundheit, z.B. stumpfes Fell, Durchfall, Juckreiz auf der Haut.

Auch wenn die Gründe für solches Stressverhalten oder seine Symptome nicht immer unmittelbar zu erkennen sind, so gehören doch zu den häufigsten Auslösern:

Veränderungen in der Familie, z.B. die Ankunft eines Babys, ein Umzug, Krankheit oder jede andere beunruhigende Veränderung im gewohnten Status Quo der Familien- oder Rudelstruktur.

Zu wenig Bewegung oder zu viel Bewegung mit aufregender/aufputschender Wirkung.

Ständige Störungen, z.B. durch Kinder, weil der Hund nirgends Ruhe findet oder keine eigene Ecke als Rückzugsmöglichkeit hat.
Feindseliges Verhalten oder Aggression von Seiten der Besitzer oder anderer Hunde.
Körperliches Unwohlsein wie z.B. Schmerzen, Krankheit, Verletzung, Durst, Hunger, Hitze oder keine Möglichkeit, sich zu lösen.
Zu viele Befehle/zu viel auf den Hund ausgeübter Druck, z.B. übertriebenes Training, zu wenig Handlungsfreiheit, zu viele harte oder unterdrückende Kommandos und Einschränkungen des Verhaltens.
Eingesperrtsein und Trennungsangst.
Sexuelle Frustration/Hormonelle Störungen.
Laute Geräusche oder andere Angst einflößende Reize.

Es wäre für jeden von uns, von unseren Hunden einmal ganz abgesehen, unmöglich, in einer Welt ganz ohne Stress auslösende Faktoren zu leben. Die obige Liste macht uns aber bewusst, wie viele der Dinge, die bei Hunden Stress auslösen, von uns verursacht sind oder von uns kontrolliert werden können. Es handelt sich also um Faktoren, die von uns verändert werden können.

Wichtig ist auch, zu verstehen, wie sehr die Beschränkungen und Belastungen des modernen Lebensstils uns unter alle möglichen Formen von Stress setzen, auf deren Bewältigung unser Körper nicht ausgelegt ist. Staus, Stress am Arbeitsplatz, Geldsorgen oder sogar lärmende Nachbarn können unser persönliches Gefühl der Sicherheit oder generell unsere Fähigkeit, mit dem Alltag zurechtzukommen, beeinträchtigen.

Nun stellen Sie sich das Leben eines durchschnittlichen Hundes vor. Hunde haben das gleiche grundlegende Bedürfnis nach einem Gefühl der persönlichen Sicherheit. Für sie ist die Unmöglichkeit zu fliehen oder ihre Umgebung selbst zu bestimmen eine tägliche Realität, solange sie menschlicher »Besitz« bleiben.

Inwiefern sich ein Hund in Ihrem Besitz oder unter Ihrer Führung sicher fühlt, hat selbstverständlich Auswirkungen auf seinen Grad der Stressbelastung. Je nach individuellem Wesen des Hundes oder in der Vergangenheit gemachten Erfahrungen brauchen manche Hunde länger als andere, um dieses »Sicherheitsgefühl« in Ihren Händen zu erlangen. Hier sind einige Möglichkeiten, wie wir dem Hund zu einem Gefühl der Sicherheit verhelfen können:

Schaffen Sie einen festen Tagesablauf für Dinge wie Spaziergänge, Mahlzeiten, Fellpflege oder »Toilettengänge«.
Teilen Sie Vergnügen und angenehme Erlebnisse mit ihm.
Schimpfen und strafen Sie niemals für Dinge, die der Hund nicht verstehen kann - also etwas, dass vor einigen Minuten geschehen ist. Generell sollten Sie ihn niemals anschreien oder schlagen. Feste und konsequente Kommandos bewirken zusammen mit viel Lob viel mehr und helfen dem Hund, Selbstvertrauen und Respekt zu entwickeln.
Schrauben Sie die Trainingsanforderungen herab, bis der Hund genügend Vertrauen in sich selbst und Sie hat. Bedenken Sie, dass ein gestresster Hund sich nur sehr schwer konzentrieren kann.
Versuchen Sie, die Situationen zu begrenzen, in denen der Hund von Kindern oder irgend jemand anderem bedrängt oder übermäßig erregt wird.
Führen Sie ganz allmählich Phasen des Alleineseins und der Trennung ein (siehe voriges Kapitel) und vermeiden Sie es, dass der Hund über lange Zeit ängstlich alleine bleiben muss.
Seien Sie aufmerksam gegenüber Stimmung und Gesundheitszustand Ihres Hundes; jeder Verdacht auf Erkrankungen muss überprüft werden.
Lassen Sie den Hund nicht in Situationen allein, in denen er sich bedroht und wehrlos fühlt, z.B. ohne Fluchtmöglichkeit irgendwo angebunden, erschreckt von lauten Geräuschen, von Kindern gequält; was alles durch das Gefühl schlimmer wird, dass Sie ihn nicht beschützen.
Sorgen Sie für einen sicheren Rückzugsort, an den sich der Hund ungestört bewegen kann, wenn er das Bedürfnis dazu hat.

Calming Signals

Zusätzlich zu diesen Überlegungen kann man versuchen, einige der von Turid Rugaas, einer norwegischen Spezialistin für Hundeverhalten, entwickelten »Calming Signals« (Beruhigende Gesten) anzuwenden, um Stress und Angst zu reduzieren. Vor einiger Zeit fand Turid heraus, dass Hunde ihre eigene »Sprache« zur Lösung von Konflikten untereinander und zum Abbau von Spannungen haben. Sie glaubt, dass Menschen lernen können, diese »Calming Signals« ihren Hunden gegenüber auf ähnliche Art und Weise zu zeigen. Hier sind nur einige Beispiele.

Nach Turid tun Hunde zur Beruhigung und zum Vermeiden direkter Konfrontation mit anderen Hunden oder ihrem Besitzer folgendes:

Sie gehen bedrohlichen Blicken aus dem Weg, indem sie Kopf oder Körper zur Seite drehen.

Sie gähnen oder lecken sich über die Nase.

Sie wedeln mit dem Schwanz.

Sie schnüffeln am Boden.

Sie setzen sich hin, möglicherweise den Rücken zugedreht, oder legen sich mit dem Bauch auf dem Boden hin.

Sie nehmen die Haltung zur Spielaufforderung ein, sich mit vorgesteckten Vorderläufen vorne tief bückend und das Hinterteil in die Luft streckend.

Offensichtlich sind einige dieser Gesten von Menschen schwieriger nachzuahmen als andere. Aber das Abwenden von Blickkontakt, Zeigen der Körperseite, Lecken und Gähnen, Sitzen und Liegen oder Ausstrecken der Arme in Richtung Boden zum Nachahmen der Spielaufforderung können viel dazu beitragen, gestresste Hunde im Rahmen eines generellen Programmes zur Reduktion von Angst und Stress zu beruhigen.

Während der letzten Jahre wurden Turid Rugaas »Calming Signals«-Methoden weltweit mit großem Erfolg an Hunden angewendet.

Vergessen Sie am Ende unseres Kapitels über Aggression und Stress nicht, wie viel beides miteinander zu tun hat und wie viel wir dazu beitragen können, Extreme in beidem zu vermeiden. Wir werden es nie erleben, dass alle Collies und ihre Besitzer in einer Welt völliger Harmonie leben, aber was wir tun können ist: Einen Hund zu haben, den wir besser verstehen gelernt haben und mit dem wir folglich besser umgehen können. Das mag keine perfekte Lösung, aber immerhin ein Fortschritt sein.

Kapitel 8

AUS DEM TIER-HEIM GERETTET

Jedes Jahr suchen Tausende von Collies ein neues Zuhause. In England nimmt alleine der »Border Collie Trust of Great Britain« jährlich etwa 350 Hunde auf und muss die gleiche Anzahl aus Platzgründen abgeben. Über die restliche britische Insel verteilt werden zahllose weitere, kleinere Vereine oder Gruppen größerer Tierschutzorganisationen Jahr für Jahr mit Border Collies und deren Kreuzungen förmlich überschüttet, weil deren Besitzer nicht mit ihnen zurecht kamen. Aus dieser Situation könnte man folgern, dass Collies »Problemhunde« sind. Aber alle Probleme haben Ursachen, und je mehr man sich das Umfeld derjenigen Collies ansieht, die in Tierheimen landen, desto stärker realisiert man, wie viele der Probleme hausgemacht sind.

Schlechte Zucht

Wir haben bereits eingehend betrachtet, wie die natürlichen Arbeitsinstinkte des Collies im häuslichen Umfeld Probleme bereiten können, wenn falsch mit den Hunden umgegangen wird. Und offensichtlich ist es unwahrscheinlich, dass richtig mit ihnen umgegangen wird, wenn man sie nicht zuvor richtig versteht. Was wir bislang noch nicht so detailliert angesprochen haben, ist das Problem der schlechten Zucht. Dieses Thema führt uns in die dunklere, bedrückendere Welt der Collieexistenz - die Hinterhöfe, in denen die Hunde wie Massenware produziert und an den Erstbesten verkauft werden, der genügend Geld in den Händen hält. Auch nicht alle Züchter von Hunden mit Stammbäumen sind gleich gewissenhaft. Ein schlechter Züchter ist jemand, der langfristig finanziellen Gewinn über das Wohlergehen seiner Hunde setzt und der die aus seiner unverantwortlichen Politik entstehenden Probleme nur zu gerne jemand anderem überlässt. In anderen Worten: Irgendein naiver Welpenkäufer oder ein überfülltes Tierheim muss mit den Konsequenzen der Probleme umgehen, die diese Menschen verursacht haben.

Gleichgültig ob Sie daran denken, einen Collie aus dem Tierheim oder einen Colliewelpen bei sich aufzunehmen, seien Sie sich darüber im Klaren, wie sehr der züchterische Hintergrund die zukünftige Eignung als gesundes und angenehmes Haustier beeinflussen kann. Zunächst kann der Hund genetische Defekte in Bezug auf körperliche und geistige Gesundheit haben. Hunde aus Massenzuchten oder unsorgfältiger Zuchtwahl, bei der kein Wert auf Zusammenpassen oder Gesundheit der Elterntiere gelegt wurde, sind dazu prädestiniert, auch minderwertige Nachkommen zu produzieren.

Außerdem wird ihnen die so wichtige Frühsozialisation fehlen. Ein Welpe, der in einer Scheune gezeugt, geboren und während der ersten Wochen in Dunkelheit und Isolation dort aufgewachsen ist, wird das künftige Leben als Haustier garantiert als ständige Herausforderung begreifen.

Je länger ein Hund in der wichtigen Sozialisierungsphase keine Erfahrungen mit Menschen, Kindern, anderen Tieren und dem allgemeinen Treiben des alltäglichen Lebens draußen macht, desto wahrscheinlicher wird es, dass er von Angst und Stress völlig traumatisiert wird, wenn er diese Erfahrungen dann später zum ersten Mal macht. Und wie wir ja bereits wissen, verheißen Angst und Stress beim Collie nie etwas Gutes.

Es ist eine Tatsache, dass jeder Züchter - egal ob gut oder schlecht, egal ob auf Arbeits-, Ausstellungs- oder Familienhunde spezialisiert - irgendwann einmal überzählige Welpen haben wird, die er abgeben muss. Es liegen aber Welten zwischen sorgsam gezogenen und aufgezogenen Welpen, die in ein überprüftes neues Zuhause gehen und solchen, die keinen dieser Vorteile genießen und an den Erstbesten abgegeben werden.

Sicher müssen Sie nicht lange darüber spekulieren, welcher der beiden Welpen später wohl eher in einem Tierheim landen wird. Denken Sie darüber nach, bevor Sie Ihren Welpen abholen. Leider tun das immer noch viel zu wenige Menschen. Und deshalb haben die Tierheime nach wie vor alle Hände voll zu tun ...

Schwere Entscheidungen

Die Arbeit in einem Collie-Tierheim oder einer Collie-Rettungsorganisation kann erschöpfend sein und einen gefühlsmäßig sehr beanspruchen. Die Menschen sehen einen als Packesel für all die Probleme, die sie selbst geschaffen haben oder übernommenen Verantwortungen, die sie nicht länger tragen möchten. Man soll sie bitteschön an ihrer Stelle übernehmen.

Manchmal werden Hunde einfach ans Tierheimtor angebunden, von anonymen Besitzern im Stich gelassen. Manchmal gehen Anrufe ein, in denen die Besitzer drohen: »Wenn Sie meinen Hund nicht sofort abholen, lasse ich ihn einschläfern.« In solchen Fällen emotionaler Erpressungsversuche muss man auch die Konsequenzen bedenken: Je mehr Sie ein endloses Auffanglager für unerwünschte Hunde bieten, desto mehr Welpen werden wieder produziert und rücken nach.

Sie müssen auch mit kühlem Kopf Entscheidungen über das künftige Schicksal der Hunde treffen, die Sie erwerben. Welche sind zur Weitervermittlung als Familienhunde geeignet, welche eignen sich nur für bestimmte Besitzer und für andere nicht und bei welchen ist es zu riskant, sie überhaupt weiter zu vermitteln - sprich: besser, sie einzuschläfern? Wenn Sie einmal ein solches Collie-Asyl besuchen oder überhaupt ein Tierheim, in dem auch Collies sitzen, werden Sie eine Vorstellung davon bekommen, welches Leid dieser Rasse durch menschliche Verantwortungslosigkeit zugefügt wird. Ich würde diese Erfahrung jedem empfehlen, der sich mit dem Gedanken an die Anschaffung eines Collies trägt.

Die Mitarbeiter des Tierheims müssen versuchen, aus all diesem Elend das Beste zu machen. Manchmal bedeutet das auch, unangebrachte menschliche Gefühle beiseite zu lassen und danach zu entscheiden, was das Beste für den Hund sein wird. Das ist keine leichte Arbeit und fordert manchmal viel Charakterstärke, Menschen- und Hundekenntnis.

Viele machen trotzdem immer weiter, nicht nur aus Liebe zur Rasse, sondern auch, weil ihre Arbeit so oft auch all die Mühen wert ist. Sie können liebevolle neue Besitzer für Hunde finden, die in Schwierigkeiten stecken und aus Misserfolgen Triumphe machen. Vielleicht geschieht dies nicht so oft, wie sie es sich wünschen, aber doch oft genug, um das Leben einiger Hunde zu verändern, die ohne ihr Eingreifen keine Chance gehabt hätten.

Der Collie aus dem Tierheim

Bevor Sie sich auf den Weg zu einem Tierheim machen, um nach einem Collie zu sehen, sollten Sie sich über einige wichtige Dinge klar werden. Zum einen sind viele der Collies, die Sie sehen werden, eher »Hofhund-Typen« als glamouröse Ausstellungsstars. Sie können in Aussehen, Wesen und Hintergrund (Herkunft, Ausbildung ...) sehr verschieden sein.

Zum zweiten ist es wichtig, sich nach einem Tierheim mit großer Collie-Erfahrung umzusehen, besonders, wenn es um die korrekte Beurteilung von Wesen und Charakter eines Collies geht. Gestresste und potenziell aggressive Hunde an unerfahrene Halter zu vermitteln, kann geradewegs in ein Desaster führen. Eine wirklich fachmännische Beurteilung im Einzelfall ist deshalb so wichtig. Ein guter Collieexperte wird Ihnen alle Nach-, aber auch alle Vorteile eines individuellen Hundes aufzählen und Ihnen erklären können, warum vielleicht einige Hunde besser zu Ihnen passen würden als andere. Wenn jemand Ihnen erzählt, dass alle bei ihm im Tierheim untergebrachten Hunde keinerlei Verhaltensprobleme hätten und alle zur sofortigen Vermittlung geeignet seien, sollte Sie das zu Recht kritisch werden lassen.

Denken Sie zum dritten daran, dass Hunde aus dem Tierheim (ganz gleich welcher Rasse) viel Zeit, Mühe, Geduld und Hingabe von Ihnen verlangen, um sich zu rehabilitieren. Holen Sie sich keinen Hund aus dem Tierheim, wenn Sie erwarten, mögliche Verhaltensprobleme über Nacht oder in ein paar Wochen beiseite schaffen zu können. Viele Collies kommen mit einer großen Stresslast aus Tierheimen, die entweder von den Vorbesitzern oder dem Zwingerleben herrührt. Stress führt zu sich ständig wiederholenden Verhaltensmustern, mit denen es sich nicht immer leicht leben lässt und die erst dann nachlassen, wenn auch der Stress verschwindet. Viele Halter unterschätzen, wie lange dieser Prozess dauern kann. Mehr dazu später.

Warum ein Hund aus dem Tierheim?

Es ist nicht schwer zu verstehen, warum manche Menschen einen Hund aus dem Tierheim möchte. Das Schicksal eines verstoßenen Hundes geht ihnen nah. Sie möchten ihm ein besseres Leben bieten und das Vergangene wieder gut machen. Dass Ihnen ein Hund Leid tut, heißt aber noch nicht zwingend, dass Sie auch der richtige Besitzer für ihn sind. Sie müssen schon weiter sehen als in das flehend an das Zwingergitter gedrückte Hundegesicht und sich gut überlegen, inwiefern Sie in der Lage wären, die Bedürfnisse dieses Hundes zu erfüllen.

Denken Sie daran, wie verschiedenartig Collies im Wesen sein können. Nur weil Sie früher einmal einen besaßen, der ein völlig unkompliziertes und anspruchsloses Wesen hatte, heißt das noch lange nicht, dass alle Collies so sind.

Wenn Sie einen außergewöhnlich hübschen Collie, vielleicht sogar mit Ahnentafel oder Ausstellungsqualität sehen, der schon seit einiger Zeit im Tierheim sitzt, sollten Sie nach dem Grund fragen. Warum hat noch niemand anderer zugegriffen, wenn es doch so ein toller Hund ist?

Wenn wir sagen, bestimmte Hunde und Menschen seien füreinander geschaffen, meinen wir damit, dass sie die Fähigkeit haben, sich gegenseitig ohne Konflikte zu verstehen und ihre Bedürfnisse zu erfüllen. Andersherum sind aber auch manche Menschen, egal wie gut sie es meinen, nicht für bestimmte Hunde geeignet. Das müssen wir akzeptieren und uns von Entscheidungen leiten lassen, die auf größeren Erfahrungen beruhen als den unseren.

Colliebesitzer in spe stellen häufig fest, dass es schwieriger ist, einen Hund aus dem Tierheim zu bekommen als vom Züchter. Sie merken dabei gar nicht, dass sie mit dieser Bemerkung schon das halbe Problem der Rasse zusammengefasst haben. Hunde, an die man nur allzu leicht herankommt, werden oft auch allzu leicht wieder entsorgt. Tierheime sind nicht da, um Hunde zu recyclen, die schon vom früheren »Wegwerfen« gestresst sind und sie nach dem Prinzip »Versuch und Irrtum« auf eine endlose Reise in ständig neue Hände zu schicken.

Der Hund bezahlt immer den Preis dafür. Er hat ein dauerhaftes und verantwortungsvolles Zuhause verdient.

Aber nicht immer sind die Besitzer schuld, wenn ein Hund ein neues Zuhause braucht. Manchmal sind Sterbefälle der Grund oder Wohnungskündigungen. Es gibt eine ganze Reihe von Gründen, aus denen ein Hund nicht mehr länger gehalten werden kann, von Trennungen und Scheidungen bis zu beruflichem Umzug. Menschen genau wie Hunde können Opfer von Umständen werden, die sie weder vorhersehen noch ändern konnten.

Auswahl eines Tierheim-Collies

Wenn Ihnen im Tierheim ein Collie besonders ins Auge gefallen ist, denken Sie daran, sich die folgenden hilfreichen Fragen zu stellen:

Wie viel wissen Sie über den Hund?
Kommt er möglicherweise von einem dubiosen Züchter?
Stammt er aus einer reinen Arbeitslinie?
Wie sah sein früheres Zuhause aus?
Warum wollte der Besitzer ihn loswerden?

Manchmal weiß man nichts Genaues über die tatsächliche Herkunft des Hundes oder die angegebenen Gründe, warum der Hund abgegeben wurde, stimmen nicht immer mit der Wahrheit überein. Deshalb ist es so wichtig, dass im Tierheim kompetente

Fachberater sind, die Wesen und Eignung eines Hundes richtig einschätzen können.

Scheint der Hund unter starkem Stress zu leiden, kauert er vielleicht ängstlich in einer Ecke seines Zwingers oder zeigt er Verteidigungsaggressionen?

Collies und »Zwingerstress«

Wenn Sie Collies im Tierheim sehen, denken Sie daran, dass die Rasse Schwierigkeiten mit der Haltung in einem Zwinger haben kann. Das Eingesperrtsein, die Geräusche, die Betriebsamkeit draußen und die mangelnde geistige Beschäftigung machen Tierheimzwinger für Collies oft zu sehr stressbeladenen Orten, besonders auf lange Sicht.

Probleme, die Collies aufgrund von Stress in Zwingern bekommen können, sind Gewichtsverlust und die Entwicklung »manischer« Verhaltensweisen - z.B. Laufen im Kreis, Auf- und Abspringen, Bellen zum Abbau von Frustration oder Spannung oder generelles Unwohlsein. Alison Taylor, eine Mitarbeiterin des Londoner Tierheimes »Battersea«, hat diese Phänomene bei Collies über lange Zeit studiert und vermutet, dass »gestörtes« Verhalten bei Tierheimcollies umso häufiger auftritt, je mehr sie aus typischen Arbeitshundelinien stammen und einen starken Arbeitstrieb besitzen. Das wiederum kann dabei helfen, festzustellen, für welche Art von Zuhause der Hund wohl am besten geeignet sein wird.

Wenn Sie einen Collie sehen, der sich im Zwinger offensichtlich »verrückt« verhält, dann könnte dieser Hund sich durchaus völlig anders benehmen, wenn man ihn dort herausnimmt. Es kann deshalb durchaus wert sein, darum zu bitten, dass Sie den Hund auch in anderen Situationen sehen können. Wie benimmt er sich, wenn Sie ihn im Büro des Tierheimes oder auf dem Freigelände treffen? Fragen Sie die Mitarbeiter des Tierheimes, wie sich der Hund sonst verhält, wenn er nicht im Zwinger ist.

Nutzen Sie jede Information, die Sie im Tierheim bekommen können. Manche haben auch Verhaltensberater an der Hand, die Sie unterstützen können. Sprechen Sie mit ihnen über Ihre Lebensumstände und die Erfahrungen, die Sie dem Hund bieten können, für den Sie sich interessieren. Diskutieren Sie, welche potenziellen Verhaltensprobleme der Hund hat oder nicht hat und welches Art von Trainings- oder Umgangsmaßnahmen ergriffen werden müssten, wenn Sie ihn nehmen würden.

Wird der Hund aktuell mit Medikamenten behandelt? Wenn ja, mit welchen und warum? Hat er irgendwelche bekannten Gesundheitsprobleme? Aversionen gegenüber Kindern, anderen Hunden oder ähnliches?

Aus all dieser Information können Sie sich eine Art Profil des Hundes zusammenstellen, den Sie gerne mitnehmen möchten. Rechnen Sie damit, dass ein gut geführtes Tierheim Sie als den neuen und hoffentlich letzten Besitzer eines Hundes auf Herz und Nieren prüft und befragt, bevor es Ihnen einen Hund mitgibt.

Die ersten Tage

Viele frischgebackene Besitzer von Tierheimcollies finden, dass die ersten Wochen die schlimmsten sind. Genauso gut kann es aber so gehen wie in den Flitterwochen - die wahren Probleme kommen erst später. Es ist wichtig, zu verstehen, dass dies ganz häufig vorkommt und nicht bedeutet, dass Hund oder Halter versagt haben. Wie bereits vorher erwähnt, könnte es so sein, dass der Collie sehr stressbeladen in sein neues Zuhause kommt. Ein neues Zuhause bedeutet dann noch mehr Stress. Stress veranlasst Collies, dumme und kaum erträgliche Dinge zu tun - von zerstörerischem Verhalten (besonders, wenn sie alleine gelassen werden) über allzu stürmisches Verhalten bis hin zu offener Aggression.

Wenn der Stress beim Collie ein gewisses Maß erreicht (siehe voriges Kapitel), kann er für einige Zeit beibehalten werden. Wenn Collies nach nur ein oder zwei Wochen in einem neuen Zuhause wieder ins Tierheim zurückkehren, dann liegt das in vielen Fällen daran, dass man ihnen weder die Zeit gelassen noch die Umstände geschaffen hat, in denen sie sich hätten entspannen können.

Natürlich kann ein gestresster Collie sehr stressig sein - aber wenn Hund und Halter sich ständig gegenseitig hochschaukeln, wird es nie zu einer Lösung des Problems kommen. Irgendjemand muss den Teufelskreis durchbrechen - und Menschen sind dazu meistens in einer günstigeren Position als Hunde!

Denken Sie daran: es gibt sicher nur sehr wenige Menschen, die sich immer wieder einen Collie aus dem Tierheim holen, weil sie unbelehrbare Masochisten und Märtyrer sind. Sie tun es, weil sie wissen, wie unvergleichlich diese Hunde sein können, wenn sie endlich jemanden gefunden haben, dem sie vertrauen und den sie respektieren können und der sich die Mühe macht, auch ihre Sprache verstehen zu lernen.

Happy End

Jetzt haben wir uns eine ganze Weile lang über die möglichen Probleme unterhalten, die damit verbunden sein können, einen Collie aus dem Tierheim zu holen. Lassen Sie uns aber darüber nicht vergessen, dass es oft genug auch ein Happy End gibt.

Weiter vorn in diesem Buch habe ich erwähnt, wie mein erster Border Collie aus dem Tierheim, Kim, die Motivation für mich war, alles über diese anspruchsvolle, aber endlos faszinierende Rasse zu erfahren. Als ich sie zu mir nahm, war sie dreizehn und in einer Welt voller innerer Verzweiflung gefangen. Man betrachtete sie als wertlos. Ich habe einige Momente der Angst und viele der Herausforderung mit ihr erlebt, aber niemals einen des Bedauerns.

Manchmal kann der Weg aus der Hoffnungslosigkeit mit einem problematischen Hund lang und steinig sein, aber sicher wird es nur wenige Collies geben, die Ihnen Ihre Bemühungen nicht zurükkzahlen. Im Alter zwischen dreizehn und fünfzehn belegte Kim sechsundzwanzig Platzierungen in Veteranen- und Obediencewettbewerben. Diese Preise waren nicht schlecht für einen »wertlosen« Hund, aber für mich nichts wert im Vergleich zu dem Wissen, wie viel Vertrauen sie als Ergebnis meiner geduldigen Arbeit zurückgewonnen hatte, um diese Preise gewinnen zu können. Überall auf der Welt gibt es Menschen, die traumatisierten Hunden zu einem neuen Start verholfen und dabei vielleicht auch einiges über sich selbst gelernt haben.

Kapitel 9

DER GESUNDE COLLIE

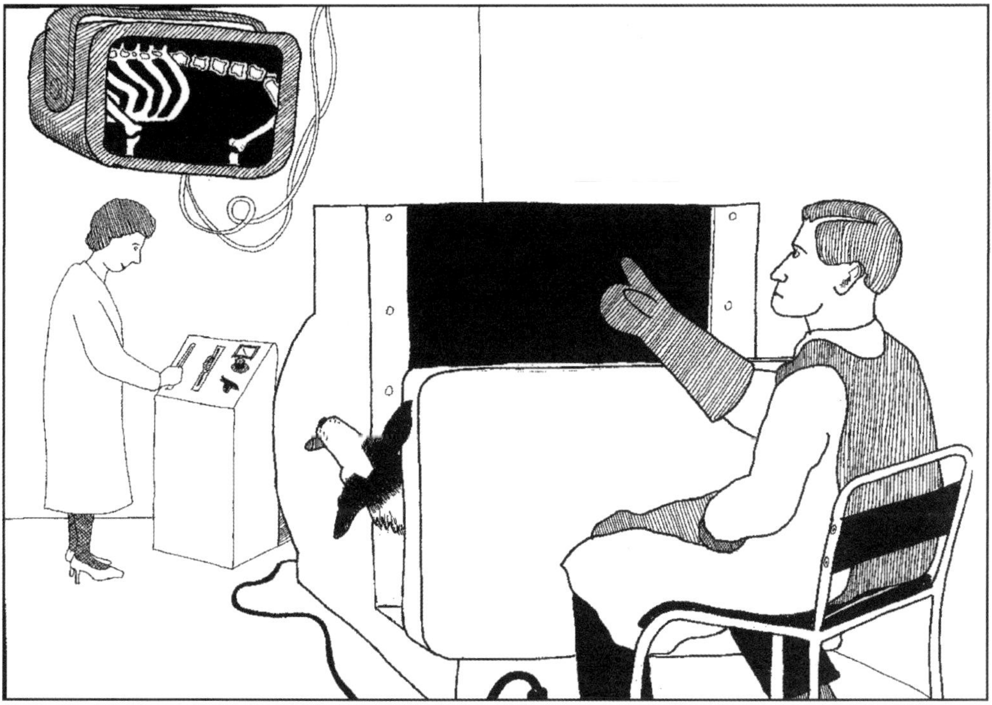

Collies gelten im Allgemeinen als recht gesund, wie man auch von einer Rasse erwarten kann, die aus Arbeitshunden und einer Vielfalt an verschiedenen Blutlinien hervorgegangen ist. Trotzdem bleibt keine Rasse je genetisch »stehen«. Sie entwickelt sich ständig weiter und passt sich den an sie gestellten Anforderungen an. Bei unseren Haushunden bedeutet das eher Anpassung an die Forderungen des Menschen als an die der Umwelt, wie es in natürlicher Umgebung der Fall wäre.

Während der letzten Jahrzehnte haben Collies eine große Beliebtheit auch außerhalb ihres ursprünglichen Farm-Daseins gewonnen. Die Geschichte lehrt uns, dass es immer mit Gefahren verbunden ist, wenn eine Rasse plötzlich einen großen Boom in Beliebtheit und Nachfrage erfährt. Bestimmte Blutlinien werden in der Zucht zu oft verwendet, weil man entweder mehr Welpen produzieren möchte (wie das auf so genannten Welpenfarmen der Fall ist) oder weil man erwünschte oder modische Merkmale im Aussehen reproduzieren bzw. weiter verbessern möchte. Das Ergebnis kann sein, dass mehr Hunde innerhalb der Rasse unter physischen oder psychischen Erbkrankheiten leiden. Das trifft für jede Hunderasse zu, nicht nur für Collies, und gewissenhafte Züchter werden diese Tatsachen und Risiken immer im Hinterkopf behalten.

Aber selbst für den besten Colliezüchter kann es schwierig sein, immer nur »perfekte« Welpen aus »perfekten« Elterntieren zu bekommen. Manchmal überspringen fehlerhafte Gene mehrere Generationen, bevor sie wieder auftauchen. Manchmal tragen Hunde auch genetische Mängel in ihrem Erbgut, ohne selbst darunter zu leiden. Manche Erbdefekte werden auch erst entdeckt, wenn der Hund bereits drei oder vier Jahre alt ist und schon selbst Nachwuchs hat - wie zum Beispiel manche Augenkrankheiten, die sich erst spät manifestieren.

Sicher schadet es nicht, zu wissen, welche Krankheiten und Mängel während der letzten Jahre häufiger bei Collies auftraten und wie man sie behandeln kann. Das heißt aber nicht, dass diese Dinge bei Collies weit verbreitet sind. Zumindest - Gott sei Dank - heute noch nicht.

Früher züchtete man Collies ganz in Übereinstimmung mit den Gesetzen der Natur: Nur die Gesündesten und Schlauesten überlebten. Je mehr man sie aber für andere Zwecke züchtet, desto weniger können sich die Besitzer künftiger Colliegenerationen auf die Gesundheit ihrer Hunde verlassen. Zum Glück gibt es viele

Menschen auf der Welt, die sich dafür einsetzen, dass Gesundheit und Intelligenz beim Collie erhalten bleiben. Hoffen wir, dass die Zukunft der Rasse auch weiterhin in ihren Händen liegt.

Erbliche Gesundheitsprobleme

In der Folge sind nur einige Gesundheitsprobleme kurz dargestellt, die beim Collie einen erblichen Faktor haben können oder nachweislich innerhalb der Rasse vorkommen. Befragen Sie immer Ihren Tierarzt, wenn es um Diagnose oder weitere Ratschläge geht.

Collieaugenanomalie / Collie Eye Anomalie (CEA)

Der Begriff »Collieaugenanomalie« kann irreführend sein, weil diese Erkrankung beim Border Collie weit seltener vorkommt als beim Langhaar- oder Kurzhaarcollie. Da sie aber trotzdem hin und wieder auch bei Border Collies auftritt, sollten Sie darauf achten, dass die Welpen ab einem Alter von etwa sechs Wochen daraufhin untersucht werden.

Die Erkrankung ist erblich und an ein rezessives Gen gebunden, welches die normale Augenentwicklung beim Embryo hemmt. Dieser Defekt kann eins oder beide Augen betreffen und nur durch tierärztliche Untersuchung des Auges mit einem Ophthalmoskop festgestellt werden, bei der Netzhaut (Retina) und Augenhintergrund untersucht werden. Je nachdem wie stark Netzhaut oder tiefere Augenstrukturen geschädigt sind, kann der Hund unter leichter Sehbehinderung bis hin zur totalen Blindheit auf einem oder beiden Augen leiden. Die Erkrankung ist nicht schmerzhaft, aber es gibt keine Behandlung dafür und mit betroffenen Hunden sollte keinesfalls weiter gezüchtet werden.

Progressive Retinaatrophie (PRA)

Auch hier ist die Retina (Netzhaut) betroffen; die Erkrankung kann nur in ihrem Frühstadium durch Untersuchung mit einem Ophthalmoskop erkannt werden. Man unterscheidet zwischen der generalisierten und der zentralen PRA. Wie schon die Bezeichnung »progressiv« nahe legt, kann die Erkrankung sich bei Hunden jeden Alters entwickeln und zusehends verschlechtern. Im Gegensatz zur CEA ist es hier nicht immer möglich, durch Frühuntersuchungen festzustellen, welcher Hund in Zukunft eventuell unter PRA leiden könnte. Beide Formen der PRA sind Ergebnisse von Defekten der Retina, der lichtempfindlichen Schicht des Auges. Die generalisierte PRA oder GPRA wird in der Regel erstmals festgestellt, wenn ein Hund unter Einschränkung der peripheren Sicht und unter Nachtblindheit zu leiden scheint. Sie kann zu totaler Erblindung führen. Die zentrale PRA (CPRA) kommt bei Collies häufiger vor als die generalisierte Form. Sie wird oft erstmalig bemerkt, wenn der Hund zwar bewegte Gegenstände gut sehen kann, aber außerstande scheint, statische Objekte oder Personen vom Hintergrund abzuheben und zu erkennen. Seine Sicht ist bei gedämpftem Licht besser als bei klarer Helligkeit. Auch für dieses Problem gibt es keine Behandlung, aber es führt nicht notwendigerweise zur späteren völligen Erblindung.

Primäre Linsenluxation

Dies ist eine potenziell sehr schmerzhafte Erkrankung, die zur Erblindung führt. Die Aufhängebänder der Linse, welche die Linse in der Augenmitte festhalten, werden schwächer, wodurch die Linse verrutscht. Die ersten klinischen Symptome zeigen sich in der Regel im Alter von drei bis sieben Jahren. Sie umfassen abnorme Lichtempfindlichkeit, starke Tränenbildung und Krämpfe der Augenlider - alles typische Reaktionen auf Schmerzen im Augenbereich.

Ohne sofortigen chirurgischen Eingriff zur Entfernung der Linse vom Auge können die Hunde dauerhaft unter Schmerzen leiden, besonders, wenn zusätzlich die Gefahr der Bildung sekundärer Glaukome besteht, welche den Augendruck und das Risiko der Erblindung weiter erhöhen. Manchmal betrifft die Erkrankung beide Augen, meist eins früher als das andere.

Bei dem Gedanken an einen teilweise oder völlig blinden Hund kann man leicht in Panik geraten. Für einen Hund, der ansonsten fit und gesund ist, muss das aber nicht unbedingt das Ende bedeuten. Viele Hunde kommen mit dem Verlust des Augenlichtes besser zurecht als Menschen; sie gebrauchen ihre Nase und andere Sinne, um sich in gewohnter Umgebung zurechtzufinden. In fremder Umgebung können sie auf die Hilfe ihrer Besitzer angewiesen sein.

Wenn Sie zwei Hunde besitzen, von denen einer blind ist, geschieht es oft, dass der sehende Hund die Funktion eines »Führhundes« für den Blinden übernimmt. Natürlich verlangt ein ganz oder teilweise erblindeter Hund etwas Entgegenkommen von Seiten seines Besitzers, der zum Beispiel dafür sorgen muss, dass er nie aus dem sicheren Bereich herauskommen und sich in Gefahr begeben kann. Genau wie bei Taubheit (siehe unten) müssen Sie sich eventuell neue Kommandos und Trainingsmethoden ausdenken, um eine erfolgreiche Kommunikation mit Ihrem Hund aufrecht zu erhalten. Vielleicht kann Ihnen Ihr Tierarzt oder eine Hundeschule Tipps dazu geben oder Sie an andere Hundebesitzer verweisen, die erfolgreich mit solchen Handicaps ihrer Hunde umgehen.

Taubheit

Da manche Colliewelpen taub zur Welt kommen, lassen gute Züchter alle Welpen eines Wurfes daraufhin untersuchen, bevor sie sie weiterverkaufen und müssten deshalb in der Lage sein, Ihnen auch die entsprechenden Papiere und Untersuchungsergebnisse vorzulegen. Angeborene Taubheit bei einem Welpen kann besondere Erziehungstechniken und den Gebrauch von Handzeichen als Kommandos erfordern. Genau wie mit der Blindheit kommen viele Collies auch mit dieser Behinderung gut zurecht, sofern der Besitzer dafür Verständnis aufbringt.

Wenn Sie den Verdacht haben, Ihr Welpe könne taub geboren sein, sich aber nicht sicher sind, wird Ihr Tierarzt Sie eventuell an einen Spezialisten verweisen, der entsprechende Tests durchführen kann. Manche Collies haben weniger Gehörverlust als andere, aber weil diese Rasse eine so hohe Fähigkeit zum Lesen der menschlichen Körpersprache hat, können Sie sich über das wahre Ausmaß nie sicher sein, solange nicht entsprechende Tests durchgeführt wurden.

Epilepsie

Man nimmt an, dass primäre Epilepsie auch genetische Ursachen hat. Die ersten Anfälle treten in der Regel auf, wenn der Hund zwischen einem und zwei Jahren alt ist.

Für Menschen, die noch nie mit Epilepsie bei Hunden zu tun hatten, kann der erste Anfall je nach seiner Schwere ein sehr beunruhigendes Ereignis sein. Genau wie beim Menschen kann es auch beim Hund »Petit Mal«-Anfälle geben, die nur einen Teil des Gehirns betreffen. Sie sind weniger schwer und manifestieren sich in einer Reihe von Symptomen von deutlicher »geistiger Abwesenheit« über Gliederzucken oder plötzlichen »Persönlichkeitsveränderungen« bis zu unkontrollierten Bell-Anfällen. »Grand Mal«-Anfälle betreffen das gesamte Gehirn, sind dramatischer und unverwechselbar. Meistens treten sie auf, wenn der Hund in Ruhe ist. Zu den Symptomen gehören Kollaps und häufig auch der Verlust von Blasen- und Darmkontrolle. Möglicherweise schnappt der Hund mit den Kiefern und speichelt ausgiebig bei zurückgezogenen Lefzen. Möglich sind auch ein leerer, starrer Blick und steife, paddelnde Bewegungen mit den Läufen.

Häufigkeit und Schwere der Anfälle können sehr schwer vorhersagbar sein. Als Besitzer muss man lernen, einen kühlen Kopf zu behalten, während der Anfall abläuft (in der Regel dauert er zwischen zwei und fünf Minuten). Reduzieren Sie die Geräuschkulisse (Fernseher, Radio etc.) und Licht in der Umgebung und sorgen Sie dafür, dass der Hund sich nicht an harten oder scharfen Gegenständen in der Nähe verletzen kann. Versuchen Sie nicht, den Hund hinzusetzen oder ihm die Zunge aus dem Fang zu ziehen - letzteres könnte dazu führen, dass Sie gebissen werden.

Heute kann man mit Medikamenten viel dazu beitragen, die Lebensqualität epileptischer Hunde zu verbessern, hinzu kommt ein größeres Wissen darüber, wie man am besten mit dieser Erkrankung umgeht (siehe hierzu auch die Ratschläge am Ende des Kapitels). Bessere Information und Hilfestellung trägt dazu bei, dass Besitzer die Epilepsie ihres Hundes als nicht mehr so bedrohlich empfinden.

Manchmal wird primäre Epilepsie auch mit anderen Formen der Erkrankung verwechselt, die von Faktoren wie einer Kopfverletzung oder einem Gehirntumor, aber auch von Erkrankungen ausgelöst werden, die sich auf das Gehirn auswirken (z.B. Fehlfunktionen von Leber oder Nieren). Tierärztliche Untersuchungstests können das ausschließen.

Dysplasie der Hüftgelenke (HD) und OCD (Osteochondrosis Dissecans)

Beide Erkrankungen betreffen Struktur und Entwicklungen von Gelenken und waren früher in den Blutlinien arbeitender Hütehunde selten, wenn nicht sogar unbekannt. Im Vergleich zu anderen Rassen bleibt die HD- und OCD-Rate bei Collies immer noch niedrig, trotzdem sollte man über beides Bescheid wissen.

Vereinfacht dargestellt handelt es sich bei HD um schlecht geformtes Hüftgelenk. Beim gesunden Hund passt das obere Ende des Oberschenkelknochens (der Femurkopf) genau in die pfannenartige Vertiefung des Hüftgelenkes (das Acetabulum). So ist eine bequeme und leichte Bewegung über weite Distanzen oder beim Springen möglich.

Der Schweregrad der HD variiert zwischen den betroffenen Hunden, im Grundsatz ist HD jedoch durch ein schlechtes Ineinanderpassen von Femurkopf und Acetabulum typisiert, durch das die Gelenke instabil werden und dem Hund nach Phasen längerer Bewegung oder kurzer, heftiger Belastung Schmerzen bereiten. Röntgenbilder zeigen in der Regel eine sehr flache Hüftgelenkspfanne und einen fehlgeformten Femurkopf. Frühsymptome der HD sind in der Regel bei heranwachsenden Hunden im Alter zwischen fünf und neun Monaten zu beobachten. Nach der Bewegung lässt sich eine deutliche Lahmheit feststellen, oder der Hund zögert, nach längerem Sitzen beim Aufstehen viel Gewicht auf seine Hinterläufe zu nehmen. Er wird auch nur ungern Treppen steigen oder springen.

Bei HD kann sinnvolle Vorbeugung mehr für Ihren Hund tun als spätere Behandlung. Wie bereits in Kapitel 5 erwähnt, weiß man heute, dass schlechte Ernähung (zu reichhaltig oder zu nährstoffarm) und übermäßige Bewegung bei heranwachsenden Hunden viel zur Verschlechterung von HD oder OCD beitragen, auch wenn es einen genetischen Faktor gibt. Die Dinge werden auch schlimmer, wenn man junge Hunde über längere Perioden in für die Hüften unbequeme Positionen zwingt (z.B. Sitzen) oder sie zu fett werden lässt.

Wurde bei einem Hund HD festgestellt, ist seine Bewegung einzuschränken und das Körpergewicht niedrig zu halten. Eine korrektive Operation kann in schwereren Fällen helfen, ist aber nicht billig. Eventuell braucht der Hund auch Medikamente, um die anhaltenden Schmerzen ertragen zu können. Wenn die HD früh diagnostiziert und entsprechend gehandelt wird, kann ein Hund damit ein recht gutes Leben führen, hat aber im Alter immer ein höheres Risiko für Osteoarthritis, die sich als Folgekomplikation entwickeln kann.

Um die Wahrscheinlichkeit eines HD-Befalls bei Ihrem Hund zu minimieren, müssen Sie wissen, ob seine Eltern daraufhin untersucht wurden. Dazu werden die Hüftgelenke geröntgt und der HD-Wert wird auf einer Stufenskala von A (HD-frei) bis E (schwere HD) beurteilt, wobei man jede Stufe nochmals in 1 und 2 aufteilt, also A1 und A2, B1 und B2 usw. Die Zuchtverbände tragen in der Regel diese HD-Werte der Hunde in die Papiere ein, bei vielen ist es sogar Pflicht.

Die HD-Freiheit der Elterntiere ist aber noch keine Garantie für die HD-Freiheit des Welpen, denn die Erblichkeit der Erkrankung und die anderen Faktoren, die zu ihrer Entstehung beitragen, sind immer noch nicht komplett erforscht.

OCD (Osteochondrosis Dissecans)

Diese Erkrankung betrifft die Entwicklung von Knochen und Gelenken (meistens in Schulter und Ellbogen) bei wachsenden Hunden im Alter zwischen vier und neun Monaten. Auch hier nimmt man einen erblichen Faktor an, die Erkrankung kann aber durch falsche Ernährung oder Überanstrengung im Junghundalter sehr verschlimmert werden.

Beim heranwachsenden Hund verwandeln sich die Knorpelflächen auf den Gelenkoberflächen der Gliedmaßenknochen allmählich zu festen Knochen. Wenn ein Hund OCD hat, wird dieser Knorpel nicht vollständig zu Knochen, sondern wird dicker und dicker, bis er bei Belastung des Gelenkes springt und einreißt. Manchmal springt dabei auch ein Stückchen Knorpel vom darunter liegenden Knochen ab und liegt dann frei in der Gelenkkapsel, wo es Schmerzen und Lahmheit verursacht.

Eine Operation zur Entfernung des losen Knorpels kann Besserung bringen, genauso wie entzündungshemmende und knorpelschützende Medikamente während der Frühphase. Genau wie HD verschlimmert sich diese Erkrankung durch Futter, das zu beschleunigtem Wachstum beitragen soll oder dem zu viele Mineralstoffe beigesetzt sind. Man könnte viel dazu beitragen, die weitere Ausbreitung der Erkrankung in der Rasse zu verhindern, indem man alle Tiere genau wie bei HD röntgenologisch daraufhin untersuchen lassen würde, bevor man sie zur Zucht einsetzt.

Zuchtauswahl: Kriterium Gesundheit

Erbkrankheiten breiten sich aus, wenn die Züchter sich nicht genügend bemühen, sie auszumerzen. Wie effektiv ein »Korrekturprogramm« unter kompetenter Leitung sein kann, sieht man am Beispiel der International Sheep Dog Society (ISDS) und ihrem während der letzten Jahrzehnte durchgeführten Programm zur Bewertung der Augengesundheit. Um bei der ISDS registriert zu werden, muss ein Welpe von Eltern mit nachweislich gesunden Augen stammen. Bei erwachsenen Hunden, die an Arbeitshundeprüfungen wie den National Sheep Dog Trials teilnehmen, werden die Augen jedes Jahr auf solchen Veranstaltungen untersucht.

In den zwanzig Jahren der Laufzeit dieses Programmes ist die PRA-Rate beim Border Collie von 14% auf unter 0,25% gesunken. Der Erfolg war möglich, weil Farmer, der britische Tierärzteverband (der die Tests durchführt) und ISDS an einem gemeinsamen Ziel arbeiteten - den wertvollen, an den Schafen arbeitenden Collie gesund zu halten. Dazu beigetragen hat auch, dass die ISDS die Testergebnisse veröffentlicht und damit Hunde mit nicht bestandener Augenuntersuchung keine Chance mehr in der Zucht haben.

Allgemeine Gesundheit

Mit etwas Glück ist Ihr Collie frei von allen den oben genannten Problemen auf erblicher Basis. Aber selbst dann ist Gesundheit nichts, was man zu selbstverständlich nehmen sollte. Ständig müssen wir beobachten, ob sich nicht irgendeine Erkrankung entwickelt - nicht nur, weil wir uns um unsere Hunde sorgen, sondern weil Früherkennung das Tier vor weiteren Schmerzen bewahren oder ihm sogar das Leben retten kann.

Von den Grundregeln der Gesundheitsvorsorge wie Impfungen und regelmäßigen Entwurmungen abgesehen, sollten Sie Ihren Hund regelmäßig von der Nasenspitze bis zu den Pfoten untersuchen, wenn Sie ihn beispielsweise bürsten. Am besten gehen Sie dabei in dieser Reihenfolge vor:

Ohren

Die Collieohren sollten erdig riechen, sauber sein und keine Spuren von Wundsein, Rötung, Reizung oder Ausfluss zeigen, die auf Infektionen, Milbenbefall oder einen eingedrungenen und eine Entzündung verursachenden Fremdkörper wie z.B. einen Grassamen hinweisen könnten.

Die meisten Ohrprobleme bei Hunden sind an frühen Symptomen erkennbar. Der Hund schüttelt andauernd den Kopf, kratzt sich am betroffenen Ohr oder trägt das Ohr auf ungewöhnliche Art und Weise. Spezielle Ohrreinigungslotionen können verhindern, dass Staub, Schmutz und Bakterien zu tief ins Ohr gelangen, bei gesunden Ohren sollte ihre Anwendung aber nicht allzu oft nötig sein.

Nicht-Fachleute sollten niemals Reinigungsversuche des Innenohrs unternehmen. Wenn es aus den Hundeohren eitrig oder entzündet riecht und eine Infektion Fuß gefasst zu haben scheint, muss unbedingt ein Tierarzt die Ursache abklären. In Betracht kommt alles mögliche von Bakterien-, Hefepilz- oder Pilzbefall über eingedrungene Fremdkörper bis hin zu allergischen Reaktionen, was jeweils eine entsprechende Behandlung erfordert. Ihr Tierarzt kann Ihnen auch am besten erklären, wie mit übermäßigen Mengen Ohrschmalz im Gehörgang am besten zu verfahren ist.

Augen

Die erblichen Augenkrankheiten, die beim Collie vorkommen können, haben wir bereits ausführlich besprochen. Jeder Hund kann aber auch von Bindehautentzündungen oder Verletzungen im Augenbereich betroffen sein.

Beim gesunden Auge ist die Haut innen an den Augenlidern, die Bindehaut oder Konjunktiva, eher rosafarben als rot. Bei einer Bindehautentzündung, die durch Kratzer oder Verletzung auf der Hornhaut des Auges oder Bakterienbefall verursacht sein kann, schwellen die Bindehäute an und entzünden sich. Meistens ist die Entzündung mit einem klebrigen Ausfluss verbunden. Zu den besten Möglichkeiten, dem Hund schnell Erleichterung zu verschaffen, zählt ein Augenbad mit kühlem, abgekochtem Wasser oder Kontaktlinsenflüssigkeit. In vielen Fällen ist aber auch tierärztliche Behandlung, z.B. in Form spezieller Augentropfen, notwendig, damit eine Heilung stattfinden kann.

Jede Augenverletzung, z.B. ein von einem Grashalm oder einer Katzenkralle verursachter Kratzer auf der Hornhaut, kann sehr schmerzhaft und ohne sofortige tierärztliche Behandlung zur Vermeidung von nachfolgenden Infektionen oder Hornhautschäden auch problematisch sein. Manchmal kann man mit bloßem Auge keine klare Verletzung der Hornhaut erkennen, weshalb Tierärzte eine spezielle Farbflüssigkeit einsetzen, um die verborgenen Schäden sichtbar zu machen.

Da Bindehautentzündungen und Augenverletzungen zu ähnlichen Symptomen führen können, befragen Sie im Zweifelsfall immer Ihren Tierarzt.

Bedenken Sie auch, dass ungewöhnlich rote und blutunterlaufene Augen beim Hund, wenn sie mit weiteren Symptomen wie Mattigkeit oder Appetitlosigkeit einhergehen, ein Anzeichen für eine stärkere Infektion im Hundekörper sein können. Fragen Sie auch hier im Zweifelsfall den Tierarzt.

Von den erwähnten Erbkrankheiten abgesehen haben Collies sehr gesunde Augen. Bei jeder plötzlichen Veränderung sollte aber immer sofort nach dem Grund gesucht werden.

Nase

Im Gegensatz zu einem populären Irrglauben ist eine kalte, feuchte Nase nicht immer ein verlässliches Zeichen von Gesundheit. Hunde mit kalten, nassen Nasen können genauso gut krank sein wie solche mit warmen, trockenen Nasen vollkommen gesund. Sie brauchen also sicherere Anhaltspunkte, um den Gesundheitszustand zu beurteilen.

Ständig laufende Nasen, besonders wenn der andauernde, reichliche, wässrige Ausfluss allmählich eitriger oder von Blut durchzogen wird, bedeuten eine Infektion: Ursache kann ein im Nasengang gefangener Fremdkörper sein oder ein von Bakterien, Viren oder Pilzen verursachter Schnupfen. Wenn ein Fremdkörper nicht leicht zu sehen oder nicht mit der Pinzette zu packen ist (was selbst bei den sanftesten Hunden oft schwierig ist) bleibt manchmal nur eine operative Entfernung als Problemlösung möglich.

Die »nasale Dermatitis« oder »Collie Nose« scheint ebenfalls einen erblichen Faktor zu besitzen. Sie tritt bei Collies (eher erwachsenen als Welpen) auf, die rosafarbene Pigmentflecke auf der Nase besitzen und die später die Farbe wechseln. Typischerweise werden diese Bereiche krustig und jucken stark, die Symptome verschlimmern sich durch Reiben und Kratzen. Sonnenlicht scheint das Problem zu verschlimmern. Manchmal helfen Waschungen mit milden antiseptischen Lösungen, wenn nicht, befragen Sie Ihren Tierarzt.

Zähne und Zahnfleisch

Regelmäßige Maßnahmen zur Mundhygiene und Zahnpflege ersparen, wenn sie schon ab dem Welpenalter durchgeführt werden, Ihrem Hund im späteren Leben viele Unannehmlichkeiten und Schmerzen.

Collies leiden in der Regel nicht unter den Zahn- und Zahnfleischabnormitäten, wie sie bei manchen anderen Rassen vorkommen. Trotzdem müssen ihre Zähne regelmäßig von Belag und Zahnstein befreit werden, um spätere Probleme zu vermeiden. Zahnbelag und Zahnstein, insbesondere am Übergang zum Zahnfleisch, beherbergen Bakterien, die nicht nur Mundgeruch, sondern auch Zahnfleischentzündungen verursachen können. Das bedeutet schmerzhaftes, rotes und wundes Zahnfleisch, Abszesse oder sogar lockere Zähne, wenn die Infektion bis tief in die Zahnwurzeln und den Kieferknochen hineinzieht.

Ist der Zahnstein erst zementartig hart geworden, kann der Hundebesitzer ihn kaum noch selbst entfernen und eine Fahrt zum Tierarzt wird nötig. Unter Betäubung wird dann der Zahnstein entfernt und die Zähne werden poliert.

Diese Erfahrung hätte man sich leicht sparen können, indem man einfach mehrmals pro Woche die Zähne des Hundes geputzt hätte. Man kann das gut mit einer weichen Babyzahnbürste und einer speziellen Hundezahnpasta aus dem Zoofachladen oder vom Tierarzt machen, alternativ tut es auch in lauwarmem Wasser aufgelöstes Natron. Rubbeln Sie nicht zu fest über das Zahnfleisch, weil das zu Entzündungen führen kann.

Je früher Sie Ihren Hund an diese Prozedur gewöhnen, desto schneller akzeptiert er sie als normalen Bestandteil der regelmäßigen Körperpflege. Hunde, die das Zähneputzen noch nicht kennen, sind zu Beginn oft widerspenstig. Seien Sie konsequent, auch wenn Sie am Anfang nur ein oder zwei Zähne putzen können. Loben Sie Ihren Hund, wenn er sich die Zahnpflege gefallen lässt. Hat der Hund erst einmal begriffen, dass Sie da eine ganz ungefährliche, regelmäßige Maßnahme durchführen, können Sie allmählich immer weitere Bereiche saubermachen.

Schauen Sie beim Zähneputzen immer gleich nach, ob sich nicht vielleicht weitere Probleme entwickeln. Gerissene oder anbzw. abgebrochene Zähne können sehr empfindlich und schmerzhaft sein, oft entwickelt sich ein Abszess, wenn eine Infektion in das freigelegte Zahnmark eindringt. Schwellungen unter dem Auge oder auf der Unterseite des Kiefers können ebenfalls auf einen Abszess an der Zahnwurzel hindeuten. Man sagt zwar, dass Hunde schmerzunempfindlicher sind als Menschen, aber jeder, der schon einmal Zahnschmerzen hatte, weiß, wie unfair es wäre, einen Hund diesem Zustand zu überlassen.

Manchmal können es die Besitzer kaum glauben, wie sehr ein endlich gelöstes Zahnproblem Wesen und Lebhaftigkeit eines vorher gereizten oder depressiven Hundes verändern kann. Umso mehr ein Grund, regelmäßig ein wachsames Auge auf die Zähne zu haben!

Nicht alle Tierarztpraxen sind so eingerichtet, dass komplexere Zahnbehandlungen wie Wurzelfüllungen, Kronen oder andere zahnerhaltende Maßnahmen durchgeführt werden können. Ihr Tierarzt kann Sie nötigenfalls aber sicherlich an einen Spezialisten weiter verweisen.

Manchmal haben Zähne auch so feine Risse oder Schäden, dass man sie nicht unbedingt sofort bemerkt. Trotzdem können sie sich zu schmerzhafteren Problemen weiter entwickeln. Wenn Ihr Hund ständig mit der Pfote Nase oder Fang berührt, sein Futter stehen lässt und sich anders benimmt als sonst, sind dies Anzeichen für Zahnschmerzen, denen man unbedingt weiter auf den Grund gehen sollte.

Neben dem Zähneputzen trägt auch reichlich Kaumaterial (z.B. Kauspielzeug aus Rohhaut oder harte Hundekuchen) zur Gesunderhaltung der Zähne bei. Wenn Ihr Hund saubere und gesunde Zähne und trotzdem öfter als nur gelegentlich unangenehmen Mundgeruch hat, ist es ein guter Rat, weitergehende Gesundheitsprobleme, die in Bereich von Nieren oder Verdauungsorganen ihren Sitz haben könnten, auszuschließen.

Körper

Kurzhaarige Collies werden am besten täglich mit einem Noppen-Gummihandschuh (erhältlich im Zoofachhandel) oder einer weichen Bürste gebürstet, um den Fellglanz zu erhalten und oberflächlichen Schmutz zu entfernen. Mit diesen Werkzeugen können Sie die Haut nicht zerkratzen. Die Rute muss ebenfalls sorgfältig ausgekämmt werden. Collies mit längerem Ober- und dichterem Unterhaar können folgendermaßen gepflegt werden:

Bürsten Sie zuerst alles Haar recht kräftig, aber ohne über die Haut zu kratzen, gegen seine natürliche Richtung vom Rutenansatz bis zum Kopf hin auf. Anschließend bürsten Sie das Haar in seine normale Lage zurück. Beenden Sie die Pflege mit gründlichem Durchkämmen, wobei Sie besonders auf Knoten hinter den Ohren, in der Rute oder in den »Hosen« der Hinterhand achten sollten.

Im Normalfall reicht es, den Collie ein- bis zweimal die Woche kräftig zu bürsten und täglich zu kämmen, um ihn gut aussehen zu lassen. Natürlich hängt das auch davon ab, wie viel Schmutz er regelmäßig mit nach Hause bringt! Regelmäßiges Bürsten und Kämmen sorgt nicht nur für eine gesunde Haut, weil es die Poren atmen lässt, sondern auch für eine ausreichende Talgproduktion, die für ein schönes, glänzendes Fell notwendig ist.

Bevor Sie mit dem Bürsten beginnen, streichen Sie mit den Fingern durch das ganze Fell und tasten Sie nach Schwellungen oder Verdickungen. Egal ob gut- oder bösartig, je eher Sie sie dem Tierarzt zeigen können, desto besser sind die Aussichten auf Heilung.

Parasiten

Suchen Sie außerdem nach Zecken oder Flöhen. Für die Nichteingeweihten: Zecken können wie graue Warzen auf der Hundehaut aussehen und finden sich meistens an Kopf oder Hals. Ihre Größe variiert von der eines kleinen Samenkorns bis zu der einer Erbse, manchmal sogar größer, je nach aufgesogener Blutmenge. Früher riet man generell, die Zecken mit Öl oder Alkohol zu beträufeln, damit sie ersticken und sich dann leichter entfernen lassen sollten, heute weiß man aber, dass die erstickende Zecke besonders viel, potenziell mit Erregern verseuchten Speichel in die Bisswunde absondert und so ein höheres Infektionsrisiko darstellt. Besser ist es, die Zecke mit einer Zeckenzange, Pinzette oder (wer es kann) zwischen Daumen und Zeigefinger zu fassen und herauszudrehen. Nicht einfach ziehen, weil sonst der Kopf der Zecke abreißen und in der Haut stecken bleiben und eine Infektion verursachen könnte!

Ursache Nummer eins für Hautreizungen beim Hund sind Flöhe. Auch wenn Sie die Flöhe selbst vielleicht nicht sehen: Wenn Sie schwarze Krümel aus dem Hundefell kämmen, diese auf einem hellen Stück Stoff oder Papier auffangen und sie beim Anfeuchten rötlich werden, handelt es sich zweifellos um Flohkot und damit den Beweis für Flohbefall. Wenn Ihr Hund sich andauernd kratzt und bereits gegen Flöhe behandelt wurde, hat er entweder eine Allergie gegen irgendeinen Stoff in seiner Umgebung oder leidet unter Räude oder Milben. All dies bedarf unbedingt tierärztlicher Behandlung.

Manche Collies leiden unter extremem Juckreiz, wenn sie in Stress geraten. Das liegt daran, dass sie in diesem Zustand empfindlicher auf Allergene reagieren. Oft ist es schwer zu sagen, ob der Juckreiz den Stress verursacht oder der Stress den Juckreiz, aber auf jeden Fall müssen Sie beides bekämpfen, um den Teufelskreis zu durchbrechen.

Pfoten

Colliepfoten sind in der Regel sehr gut auf Ausdauerleistungen hin konzipiert. Bei vielen Hunden befinden sich dicke Haarbüschel zwischen den Pfotenballen, die Sie frei von Dreckklumpen halten müssen. Sie sollten aber nicht der Versuchung erliegen, diese Haarbüschel ganz wegzuschneiden, weil sie Schutz vor Steinchen und anderen Fremdkörpern bieten, die zwischen die Zehen geraten und Schmerzen verursachen könnten.

Ein normal aktiver Collie hat, falls er nicht ausschließlich auf weichem Boden läuft, keine zu langen Krallen. Nur die Wolfskralle (die zusätzliche Kralle innen am Vorderlauf) muss regelmäßig gekürzt werden, damit sie nicht zu lang wird, sich nach innen dreht und ähnlich wie ein eingewachsener Zehennagel Schmerzen verursacht.

Schwarze Krallen sind schwieriger zu kürzen als helle, weil man die Blutbahn nicht sieht und leichter aus Versehen hineinschneidet.

Manche Besitzer überlassen das Krallenschneiden lieber dem Tierarzt. Wenn Sie es selbst machen möchten, müssen Sie sehr vorsichtig vorgehen. Besorgen Sie sich eine sehr scharfe Krallenzange speziell für Hunde und schneiden Sie jeweils nur sehr kleine Stücke der Krallenspitze weg. Oft ist es besser, nur ein kleines Eckchen wegzuschneiden, eine Woche zu warten und dann den Rest zu machen, als ein zu großes Stück auf einmal abzuschneiden. Sinnvoll ist es, einen blutstillenden Silbernitratstift (erhältlich beim Tierarzt) griffbereit zu haben, falls Sie doch einmal versehentlich in den durchbluteten Krallenbereich schneiden.

Als Faustregel kann man sich merken, dass die Krallen kurz genug sind, wenn sie beim stehenden Hund den Boden knapp nicht berühren. Fragen Sie Ihren Tierarzt, wenn Sie sich wegen der richtigen Länge nicht sicher sind.

Normalerweise sind die Pfotenballen beim Collie sehr robust, nur sehr langes Laufen auf rauem Untergrund oder trockenheißes Wetter können dazu führen, dass sie ein wenig aufreißen. Reiben Sie sie mit ein wenig Olivenöl oder einem speziellen Pfotenwachs ein, damit sie elastisch bleiben.

Der letzte Schliff

Je nachdem wie genau Sie es mit dem Aussehen Ihres Collies nehmen, können Sie die »Hosen«, die lange Behaarung um die Hinterläufe, hin und wieder etwas in Form schneiden.

Collies sollten, sofern sie regelmäßig gebürstet werden, nicht allzu oft gebadet werden - es sei denn, Ihr Hund wälzt sich ständig in etwas Übelriechendem.

Manchmal fallen während des Fellwechsels auch eine ganze Menge Schuppen an, wogegen man ein spezielles Shampoo (für Hunde!) einsetzen kann. Die meisten Collies, die ich kennen gelernt habe, empfanden das Baden als eine der schlimmsten Ungerechtigkeiten und Beleidigungen, die im Leben vorkommen können. Danach sind sie nicht immer gut auf ihre Besitzer zu sprechen und rächen sich gerne mit wilden Schüttel- und Lauforgien quer durch das ganze Haus ...

Medizinische Notfälle

Die im folgenden beschriebenen Zustände und Symptome müssen umgehend tierärztlich behandelt werden. Von Ihrer Schnelligkeit kann das Leben des Hundes abhängen:

Magendrehung

Die Magendrehung kommt zwar öfter bei größeren und tiefbrüstigeren Hunderassen vor, kann aber auch beim Collie auftreten. Sie ist das Ergebnis von übermäßiger Gasbildung durch gärendes Futter oder Luft schlucken beim Fressen. Der durch diese Ausdehnung entstehende Druck kann eine Verlagerung und Drehung des Magens und eine möglicherweise tödliche Schwächung des Kreislaufes zur Folge haben. Je mehr der Magen sich aufbläht und/oder dreht, desto mehr werden Atmung und Kreislauf behindert und damit auch weitere Organe geschädigt und desto schlechter ist die Prognose für den Hund.

Erste Anzeichen für eine Magendrehung, auf die man achten sollte, können plötzlich einsetzendes, heftiges Hecheln und Ruhelosigkeit sein. Die Schmerzen in der Magengegend lassen dem Hund keine Ruhe, möglicherweise versucht er zu würgen oder Gras zu fressen, weil er sich durch Erbrechen Erleichterung verschaffen möchte. Eine merklich zunehmende Spannung oder Schwellung des Bauches bedeutet, dass Sie so schnell wie irgend möglich auf dem Weg zur Tierarzt sein sollten.

Sehr hilfreich wäre, wenn Sie oder jemand anderer dem Tierarzt Ihr Kommen ankündigen könnten. So können lebenswichtige Minuten gespart werden, weil die Gerätschaften für Anästhesie des Hundes und das Auspumpen des Magens schon vorbereitet werden können. Wenn Magenein- und -ausgang durch die Drehung bereits verschlossen sind wie ein Bonbonpapier, ist kein Auspumpen mehr möglich. Nur eine Operation und eine Schockbehandlung können noch helfen.

Manchmal kann der Hund trotz aller tierärztlichen Bemühungen nicht gerettet werden. Das Überleben hängt meistens davon ab, wie schnell der Hundebesitzer die Symptome erkannt und darauf reagiert hat. Als Ursachen für die Magendrehung nimmt man an: das Fressen von Trockenfutter mit anschließender Aufnahme großer Mengen von Wasser, zu hastiges Herunterschlingen des Futters (und damit Luftschlucken) und übermäßige Bewegung unmittelbar vor oder nach der Futteraufnahme.

Um Magendrehung vorzubeugen, können Sie eine Umstellung von Trocken- auf Dosenfutter versuchen. Wenn Sie weiterhin Trockenfutter geben, begrenzen Sie die sofort nach dem Füttern gegebene Wassermenge. Füttern Sie den Hund alleine und stellen Sie seinen Napf in einen speziellen, erhöhten Ständer (erhältlich in Zoofachgeschäften), um das Luftschlucken während des Fressens zu vermindern. Wenn mehrere Hunde gleichzeitig gefüttert werden, neigen sie aus Konkurrenz eher zum Schlingen als solche, die alleine fressen. Eine kleine Portion probiotischer Joghurt nach jeder Mahlzeit kann ebenfalls helfen, die Magengase zu neutralisieren. Lassen Sie genügend Zeit - eine gute Stunde - zwischen Fütterung und Bewegung vergehen.

Hitzschlag

Bei vernünftigen Hundebesitzern dürfte es eigentlich nie zu diesem Notfall kommen. Typischerweise tritt er bei Hunden auf, die im parkenden Auto alleine gelassen wurden. Das Auto entwickelt sich schnell zum Backofen, auch wenn es anfänglich gut belüftet oder im Schatten geparkt war. Da die Sonne unweigerlich wandert und Metall die Hitze intensiviert, sollte der Hund an heißen Tagen nie länger als 20 Minuten im Auto gelassen werden. Aber auch sonst kann es an heißen Tagen zu Überanstrengungen kommen. Wenn der Hund sehr stark hechelt und kurz vor dem Kollaps zu stehen scheint, müssen Sie seine Temperatur so schnell wie möglich herabsenken. Spritzen oder duschen Sie ihn mit kühlem - aber nicht eiskaltem - Wasser ab. Legen Sie ein nasses Handtuch über ihn (das nur kurze Zeit liegen bleiben darf, sonst gibt es darunter einen neuen Hitzestau!) und bringen Sie ihn an einen kühlen Ort. Geben Sie ihm Salzwasser zu trinken, einen Teelöffel voll Salz auf einen halben Liter Wasser.

Auch wenn Ihr Hund sich erholt zu haben scheint, bringen Sie ihn anschließend zu Überprüfung zum Tierarzt, denn er könnte immer noch unter Schock leiden.

Verkehrsunfälle

Jedes Jahr werden Collies überfahren, weil sie entweder versucht haben, Autos zu jagen oder weil sie in blinder Angst vor einem lauten Geräusch oder sonstigen Schreckobjekt wegliefen. Viele Besitzer haben es aber auch geschafft, lebensgefährliche Unfälle durch konsequentes Training des Notkommandos »Down!« zu vermeiden. Ein Hund, der dieses Kommando sofort und ohne jedes Zögern befolgt, hat weitaus bessere Überlebenschancen.

Wenn ein Hund von einem Auto angefahren wird, leidet er möglicherweise nicht nur unter Verletzungen, sondern auch unter Schock. Schock (sofortiger oder verzögert auftretender) ist eine der Haupttodesursachen bei Tieren, die in Verkehrsunfälle verwickelt waren. Zeichen für Schock nach starken Blutungen, Traumata oder

Schmerzen sind: blasses Zahnfleisch, Schwäche, Ohnmacht, kalte Haut und schnelle, flache Atmung. Wenn Ihr Hund angefahren wurde, halten Sie ihn zunächst so warm und ruhig wie möglich und stellen Sie sicher, dass seine Atemwege frei sind.

Wenn die Atmung zu stoppen droht, versuchen Sie es mit Mund-zu-Nase-Beatmung. Nehmen Sie den Fang in ihre gewölbten Hände und blasen Sie vorsichtig in die Nasenlöcher, etwa zwanzigmal pro Minute. Beurteilen Sie vorher gründlich, ob eine Beatmung wirklich nötig ist, denn ein verängstigter oder unter Schock stehender Hund könnte Sie sehr leicht beißen, wenn Sie sich geirrt haben. Sie können das Risiko vermindern, indem Sie einen Gürtel oder Strumpf um den Hundefang binden, während Sie beatmen. Lassen Sie ihn aber nicht zu lange angelegt, da sonst der Hund nicht genügend lebenswichtige Luft über den Fang bekommen kann.

Wenn Sie den Verdacht haben, Ihr Hund könnte eine Rückenverletzung erlitten haben, legen Sie ihn zusammen mit einer Hilfsperson auf ein flaches Brett oder eine andere feste Unterlage. Ansonsten bewegen Sie ihn, ebenfalls mit Hilfe, in einer Decke. Wenn der Hund anzugreifen droht, müssen Sie ihm eventuell den Fang zubinden, während Sie ihn transportieren.

Rufen Sie den Tierarzt an, erklären Sie ihm, was passiert ist und sagen Sie, dass Sie mit einem Schockpatienten zu ihm unterwegs sind. Je schneller Sie beim Tierarzt sind, desto schneller können die lebensrettende Schock- und Blutverlustbehandlung einsetzen. Die ersten zwölf bis vierundzwanzig Stunden nach einem Autounfall können wegen der Schockauswirkungen kritisch sein und bis das Ausmaß der äußeren und inneren Verletzungen bzw. Blutungen bekannt ist.

Wenn der Hund stark aus einer äußerlichen Wunde blutet, versuchen Sie einen Druckverband anzulegen, notfalls mit einem sauberen Kleidungsstück oder Schal. Drücken Sie das »Verbandmaterial« fest auf die Wunde und sichern Sie es mit einer Bandage oder ähnlichem.

Vorfälle wie dieser machen klar, wie wichtig es ist, immer eine fertige Erste-Hilfe-Tasche für Hunde (zusätzlich zu der für Menschen) im Auto oder zuhause griffbereit zu haben. Sterile Bandagen, Wundauflagen, eine Schere, Desinfektionsmittel für Tiere und eine Rolle Verbandmull (auch zum Fertigen eines provisorischen Maulkorbes) sind einfache Gegenstände, die eines Tages lebensrettend sein könnten.

Vergiftungen

Durch die große Zahl möglicher Giftstoffe, die Ihr Hund aufgenommen haben könnte, sind Vergiftungen oft nicht einfach zu erkennen und zu behandeln. Sie können sich in verschiedenen, nicht spezifischen Symptomen äußern und verschiedene Behandlungsmethoden oder Gegengifte erfordern.

Wenn Sie den Verdacht haben, dass Ihr Hund sich mit etwas Bestimmtem wie Schneckenkorn, Rattengift oder einer Giftpflanze vergiftet hat, teilen Sie dies Ihrem Tierarzt mit, denn diese Information ist für die Behandlung sehr wichtig. Eine der schnellsten Methoden zur Ersthilfe bei einem Hund, der vermutlich etwas Giftiges gefressen hat, ist ein Teelöffel Salz oder Natron auf den hinteren Bereich der Zunge und anschließend viel Wasser. Der Hund wird sich daraufhin erbrechen. Diese Behandlung darf aber nicht angewendet werden, wenn eine ätzende oder korrosive Substanz wie z.B. Bleichmittel oder Batteriesäure aufgenommen wurden, weil diese beim Erbrechen Speiseröhre und Rachen erneut schädigen würden.

Symptome für Vergiftungen reichen von starker Speichelbildung, Erregbarkeit, Schwäche und Koordinationsstörungen über Erbrechen und Durchfall bis hin zu Krämpfen und Kollaps. In allen Fällen muss sofort dringend ein Tierarzt aufgesucht werden.

Pyometra (Eitrige Gebärmutterentzündung)

Sie kommt meist bei nicht kastrierten älteren Hündinnen vor, die keine Welpen hatten. In der Regel tritt sie nach der Hitze auf. Pyometra ist eine eitrige, möglicherweise lebensbedrohliche Infektion, die nach und nach zu einem toxischen Effekt führt.

Zu den ersten Symptomen gehören starker Durst, Appetitverlust, Apathie und blutunterlaufene Augen, die häufig eitrigen Ausfluss zeigen, während die Toxine in die Blutbahn geraten. Fälle »offener« Pyometra, bei denen Eiter aus der Vulva der Hündin fließt, sind leichter zu erkennen als die »geschlossene« Variante ohne dieses eindeutige Symptom. In beiden Fällen ist aber sofortiges tierärztliches Eingreifen nötig, um Tod durch Blutvergiftung, Dehydration und Schock zu verhindern.

Die effektivste und dauerhafteste Behandlung ist eine Ovariohysterektomie (d.h. Entfernung von Eierstöcken und Gebärmutter) sowie eine Flüssigkeitstherapie und die Gabe von Antibiotika. Viele Hündinnen erholen sich nach einer solchen Operation sehr schnell und scheinen danach sogar umso besser zu gedeihen. Pyometra ist ein weiteres Argument dafür, weshalb man darüber nachdenken kann, eine nicht für die Zucht vorgesehene Hündin zu kastrieren.

Andere Warnsignale

Zum Schluss dieses Abschnittes möchten wir noch einige Warnsignale aufführen, die auf kommende Probleme hindeuten und die Sie auf keinen Fall übersehen sollten. Dazu gehören:

plötzlicher Appetitverlust;
Zu- oder Abnahme des Gewichtes;
starker Durst;
anhaltender Durchfall mit oder ohne Erbrechen;
anhaltender Husten und/oder Schwäche nach körperlicher Bewegung,
Apathie und Lethargie (sehr ungewöhnlich für Collies!);
schwere oder ungewöhnliche Atmung;
eitriger oder blutiger Ausfluss aus irgendeiner Körperöffnung.

Dieses Kapitel möchte den Colliehalter nicht verschrecken und in dauernde Alarmbereitschaft versetzen, denn Collies zählen immer noch zu den härtesten und robustesten Hunderassen überhaupt. Aber vielleicht wird das hier Gelesene Ihrem Hund eines Tages helfen - und dann werden Sie froh über Ihr Wissen sein!

KAPITEL 10

DER ALTERNDE COLLIE

Trotz der Geschwindigkeit und Dynamik, mit der sie üblicherweise leben, erreichen viele Collies ein recht hohes Hundealter - über fünfzehn Jahre sind keine Seltenheit - und bleiben dabei gut in Form. Manchmal liegt das an guter Veranlagung, aber auch die sorgsame und bewusste Behandlung des alten Hundes und ein wachsames Auge auf seine Gesundheit können eine wichtige Rolle für Lebensqualität im Alter spielen.

Lassen Sie uns nun die Veränderungen anschauen, die mit alternden Collies einhergehen können und wie wir am besten mit ihnen umgehen.

Bewegung

Viele Collies flitzen auch mit zwölf Jahren noch um den Agility Ring, aber irgendwann kommt unausweichlich der Tag, an dem das bisherige Maß an Bewegung zu viel für den alternden Hund wird. Collies geben immer 100 Prozent ihrer Leistungsfähigkeit und versuchen häufig intensiver als andere Rassen, trotz Unwohlsein und Schmerzen weiterzulaufen. Wir müssen deshalb ein besonders wachsames Auge darauf haben, ob sie es nicht übertreiben.

Wenn ein Hund nach den üblichen Spaziergängen wiederholt lahmt oder steif geht, ist das Maß an Aktivität nun zu hoch für ihn geworden.

Die meisten älteren Hunde profitieren eher von zwei oder drei kürzeren Spaziergängen pro Tag als von einem sehr langen. So bleiben die Gelenke regelmäßig warm und gelockert, ohne dass sie längere Zeit unter Belastung stehen oder dass bestehende Erkrankungen wie Arthritis sich weiter verschlechtern. So bleiben auch Kreislauf, Lungen, Herz und Verdauungssystem besser in Form. Jeder Hund, der auf körperliche Anstrengung mit Herz- und Atembeschwerden wie erschwerter Atmung, Keuchen und bläulicher oder violetter Verfärbung der Schleimhäute von Fang und Zunge reagiert, muss umgehend tierärztlich behandelt werden.

Bei älteren Hunden sollten intensives Springen und Jagen unbedingt begrenzt oder sogar ganz unterlassen werden. Im Rausch von Adrenalin und Aufregung könnte ein Hund, dessen Gelenke nicht mehr so locker sind, sich leichter selbst verletzen. Solche Verletzungen könnten bestehende Gelenks- oder Knochenerkrankungen weiter verschlimmern oder lange Zeit zum Ausheilen brauchen. Bei älteren Hunden werden häufig auch die Hinterläufe immer schwächer, so dass sie Hilfe beim Einsteigen in Autos oder Überwinden von Mäuerchen brauchen.

Auch wenn tierärztlich verordnete Schmerzmittel und Entzündungshemmer viel dazu beitragen können, Gelenk- oder Knochenerkrankungen erträglicher zu machen, müssen sie mit Bedacht eingesetzt werden. Besonders entzündungshemmende Medikamente können, wenn sie über lange Zeit unkontrolliert eingesetzt werden, zu Folgeschäden führen. Besprechen Sie das Für und Wider einer solchen Behandlung immer mit Ihrem Tierarzt.

Sehen und Hören

Von den erblichen Erkrankungen abgesehen (siehe Kapitel 9), lassen auch beim gesunden Hund Seh- und Hörvermögen mit dem Alter allmählich nach. Wichtig ist, diese Veränderungen zu bemerken und zu beobachten, denn ein schlechter hörender und sehender Hund kann beim Spaziergang auch leichter verloren gehen, besonders in einer Gegend, in der er sich nicht auskennt. Er wird Ihr Rufen nicht immer hören und Sie nicht immer sehen, besonders dann nicht, wenn Sie stillstehen. Manchmal ist ein Pfeifen oder In-die-Hände-Klatschen für einen schwerhörigen Hund besser zu hören als Ihre Stimme.

Auswirkungen auf die Psyche

Wenn ein Hund älter wird, ändert sich auch sein Weltbild. Er fühlt sich zunehmend verletzlich und bedroht, weil er nicht mehr so beweglich ist wie früher. Möglicherweise verhält er sich defensiver und mürrischer. Er braucht nun viel mehr Bestätigung als früher, was seine Sicherheit betrifft. Vielleicht wird er auch extrem anhänglich seinem Halter gegenüber.

Auch wenn die geistigen Kräfte eines Hundes nachzulassen scheinen, vergessen Sie nie, wie sehr er auch weiterhin geistige Anregung braucht, um aktiv und glücklich zu bleiben. Nichts ist trauriger als ein alter Collie, der sich den ganzen Tag zuhause zu Tode langweilt und geistig verkümmert, nur weil er seinen Besitzer und andere Hunde nicht mehr auf langen Spaziergängen begleiten kann.

Wenn Ihr Collie nicht mehr weit laufen kann, könnten Sie ihn doch vielleicht zu Autoausflügen mitnehmen und ihm so ab und zu ein wenig Bewegung in einer für ihn neuen, aufregenden Umgebung mit vielen neuen Gerüchen und Anblicken verschaffen. Er muss immer noch in das »Rudelleben« eingebunden werden. Er kann schließlich seine Tage nicht zuhause damit verbringen, Bücher zu schreiben, Bilder zu malen oder Häuser aus Streichhölzern zu bauen. Regelmäßige »Nasenarbeit« - zum Beispiel Futter finden im Garten oder Gegenstände während des Spaziergangs suchen - können sehr helfen.

Ältere Hunde brauchen auch mehr Schlaf und reagieren unfreundlich auf plötzliches Aufwecken oder Störungen ihrer Ruhe. Vergessen Sie das nicht und lassen Sie dem alten Hund seine Ruhe, wenn er sie haben möchte.

Futter und Gewicht

Übergewicht kann bei älteren Hunden ein echtes Problem sein - heutzutage aber leider auch schon bei jungen Hunden. Die Auswirkungen auf die gesamte Gesundheit können eine deutlich verkürzte Lebenserwartung bedeuten. Wenn Besitzer behaupten, ihr Hund fräße »praktisch nichts«, vergessen sie dabei häufig all die kleinen Leckereien nebenbei und die Reste vom Esstisch, die sich auch summieren. Wenn ein Hund dagegen wirklich wenig frisst und trotzdem Übergewicht hat, sollte überprüft werden, ob er eventuell unter einer Fehlfunktion der Schilddrüse leidet, die den Stoffwechsel stark beeinträchtigt. Die Erkrankung kann vom Tierarzt behandelt und stabilisiert werden.

Ob ein Collie im Alter dicker oder dünner wird, hängt von mehreren Faktoren ab. Normalerweise wird ein Hund dicker, wenn er mehr Kalorien zu sich nimmt, als er bei der Bewegung verbrauchen kann. Schnell gerät er in einen Teufelskreis. Er frisst genauso viel wie vorher, bewegt sich aber immer weniger gerne, da sein Übergewicht Gelenke, Herz und Lungen spürbar unangenehm belastet.

In den meisten Fällen lässt sich Übergewicht mit kontrollierter, fettärmerer Ernährung in den Griff bekommen. Es gibt heute zahlreiche Futtersorten auf dem Markt, die besonders gut für ältere und übergewichtige Hunde geeignet sind. Gleichzeitig mit der Diät muss das Maß der Bewegung allmählich gesteigert werden.

Meistens ist Übergewicht bei Hunden aber eher eine Frage der menschlichen Willensstärke. Viele Besitzer sind sich gar nicht bewusst, welche Risiken ihr zu fettes Tier eingeht. Wenn ein Hund erst unter progressiver Arthritis oder Diabetes als Ergebnis seines Übergewichtes leidet oder frühzeitig an Herzversagen stirbt, ist es zu spät, sich zu wünschen, man hätte nach tierärztlichem Rat gefragt. Von solchen Gefahren abgesehen hat ein übergewichtiger Hund immer eine schlechtere Lebensqualität als ein schlanker - und zwar in allen Bereichen.

Wenn alte Hunde dünner werden, liegt das oft daran, dass ihr Verdauungstrakt die Nährstoffe nicht mehr so effizient wie früher verarbeitet. Ist der Gewichtsverlust allerdings plötzlich und dramatisch, müssen möglicherweise zugrunde liegende Probleme wie Krebs, Nierenversagen oder Diabetes ausgeschlossen werden. Ein schlankeres Aussehen im Alter kann auch einfach am Abbau der Muskelmasse liegen.

Viele Collies werden auch beim Fressen wählerischer, andere leiden unter übermäßig starkem Appetit - typisch für Hunde, die ihre Nahrung nicht mehr ausreichend aufschließen und verwerten können. Im Alter ist die Qualität des Futters wichtiger als die Menge. Viele Hunde scheinen auch mit selbst zubereiteter Nahrung besser zu gedeihen als mit Fertigfutter. Gekochter Reis oder Nudeln, gedünstetes Gemüse (Karotten, Brokkoli, grüne Bohnen) und eine Portion gekochtes, leicht verdauliches Fleisch wie Hühnchen oder Lamm und gelegentlich ein Ei scheinen älteren Hunden gut zu bekommen. Der Allgemeinzustand kann durch gelegentliche Gaben eines Teelöffels voll Weizenkleie und eine Portion öligen Fisches (Thunfisch, Makrele, Sardinen - aber waschen Sie überschüssige Sauce vorher ab) sehr positiv beeinflusst werden, genauso wie durch regelmäßige Beigaben von Lebertran.

Bevor Sie an der Fütterung etwas ändern, sollten Sie zuerst Ihren Tierarzt fragen, wie das Ihrem Hund wohl bekommen wird. Zutaten und Mengen müssen an Gewicht, Stoffwechsel und generellen Gesundheitszustand des Hundes angepasst sein.

Denken Sie auch daran, wie wichtig es ist, die Hundezähne bis ins hohe Alter hinein durch Reinigen, Kauartikel und regelmäßige Kontrollen gesund zu erhalten. Wenn ein Hund nicht gut kauen oder fressen kann, frisst er entweder nicht genug oder kaut sein Futter nicht genügend vor, sodass es nur schlecht verdaut werden kann.

Weitere Bedürfnisse alter Hunde

Neben den vorrangigen Überlegungen zu Bewegung und Ernährung gibt es einige weitere Dinge, die Sie bei alten Hunden berücksichtigen müssen:

- Sie brauchen einen dick gepolsterten, weichen und warmen Liegeplatz, der immer trocken und frei von Zugluft ist.
- Sie müssen sich öfter lösen als junge Hunde.
- Da sie sich weniger bewegen, müssen die Krallen öfter gekürzt werden.
- Die Wärmeregulierung des Körpers arbeitet weniger effektiv, sie sind deshalb für die Auswirkungen von Hitze oder Kälte anfälliger.
- Sie brauchen häufiger tierärtliche Vorsorgeunterschungen - je nach Gesundheitszustand etwa alle drei bis sechs Monate.
- Reaktionen und Bewegungen werden langsamer, es dauert deshalb auch länger, bis sich der Hund auf Ihr Kommando hin setzt oder legt.
- Sie brauchen das Gefühl, immer noch ein wichtiger Teil Ihres Lebens zu sein und müssen mit mehr Verständnis, Freundlichkeit und Sensibilität behandelt werden.

Gravierendere Gesundheitsprobleme im Alter

Ältere Hunde sind genau wie alte Menschen für eine ganze Reihe von Gesundheitsproblemen anfällig, die Folge allmählicher Verschlechterung der Organ- und Körperfunktionen sind. Glücklicherweise kann man heute mehr als je zuvor dafür tun, solche Zustände zu stabilisieren.

Wenn sie ihren Hund bis ins hohe Alter hinein begleitet haben, kennen die meisten Menschen ihr Tier ziemlich gut. Sie wissen sofort, wenn etwas an seinem Verhalten, Appetit, Durst, Atmen, Darm- oder Blasenfunktion »nicht richtig« ist. Alle diese Änderungen müssen dem Tierarzt berichtet werden, um eine möglichst schnelle Behandlung sicherzustellen.

Haben Sie auch ein Auge auf die mögliche Entwicklung von sichtbaren Tumoren. Die häufigsten unter ihnen betreffen Haut, Fang, Hoden (bei älteren Rüden) und das Gesäuge älterer, nicht kastrierter Hündinnen. Manche sind gutartig, was der Tierarzt feststellen kann, sobald die Schwellung auftritt. Auch wenn die Diagnose eher finster ausfällt: Denken Sie daran, dass auch für Hunde die Möglichkeiten der Krebsbehandlung immer besser werden. Es hilft Ihrem Hund überhaupt nicht, wenn Sie sich Sorgen machen und jammern.

Aus Gründen, die man noch nicht ganz nachvollziehen konnte, sind ältere Hunde auch anfälliger für das, was wir gemeinhin als »Schlaganfall« bezeichnen - der korrekte tierärztliche Begriff hierfür lautet »Vestibularsyndrom«. Druck, der sich im Innenohr des Hundes aufbaut - sei es durch eine Infektion oder Kreislaufstörungen - kann dazu führen, dass der Hund die Balance verliert. Er kann stolpern, straucheln, in engen Kreisen laufen oder sogar kollabieren. Zu beobachten sind auch deutliche Zuckungen des Kopfes nach einer Seite und schnelle Bewegungen der Augäpfel, die man als Nystagmus bezeichnet. Ein solcher Anfall kann schleichend oder recht plötzlich einsetzen. Er ist sehr beunruhigend für den Besitzer, aber viele Hunde können sich gut davon erholen, wenn sie sofort tierärztlich behandelt werden. Eine leichte Schiefstellung des Kopfes kann allerdings dauerhaft zurückbleiben.

Wenn Ihr Hund unter dieser Erkrankung leidet, ist es besonders wichtig, dass er Ruhe hat und auf einer Etage Ihres Hauses bleiben kann, damit er nicht die Treppe hinunterfallen oder sich sonst wie verletzen kann, solange sein Gleichgewichtssinn beeinträchtigt ist. Durch die Störung im Innenohr ist dem Hund möglicherweise auch übel oder er kann Kot und Urin nicht zurückhalten, bis sein Zustand sich bessert. Wenn er längere Zeit den Urin nicht zurückhalten kann, ist eine zusätzliche tierärztliche Behandlung nötig, damit kein zu hoher Flüssigkeitsverlust und damit eine Dehydration eintritt.

Hatte ein Hund bereits einen Schlaganfall, besteht das Risiko, dass dieser sich wiederholt und dann möglicherweise sogar schwerer ist. Generell ist das Auftreten von Schlaganfällen aber nur sehr schwer vorherzusagen. Manche Hunde haben innerhalb eines kurzen Zeitraumes ein oder zwei Anfälle und dann nie wieder einen, andere haben weniger Glück.

Die schwersten Tage

Leider können Krankheiten und Altersbeschwerden nicht endlos vom Tierarzt geheilt werden und irgendwann kommt vielleicht der Zeitpunkt, an dem Sie überlegen müssen, das Leben eines leidenden alten Hundes durch Euthanasie zu beenden. Wenn Sie den richtigen Zeitpunkt hierfür erwägen, ist es ganz wichtig, die Bedürfnisse des Hundes an die erste Stelle zu setzen - über Ihre eigene Angst davor, den geliebten Hund zu verlieren. Ein Hund, der ständig Schmerzen leidet oder schwere Behinderungen hat, hat keine Freude mehr am Leben.

Solche Entscheidungen können einem viel Mut abverlangen und großen Kummer bereiten. Man sollte damit rechnen, dass die Tage unmittelbar vor und nach dem Tod des Hundes zu den schwersten im Leben gehören werden. Versuchen Sie trotzdem Ihr Bestes, beim Hund zu bleiben, am besten zuhause in gewohnter Umgebung, wenn er von seinen Leiden erlöst wird. Es ist der einzig angemessene Weg, die lebenslange Treue eines alten Freundes zu lohnen und ihm bis zuletzt zu beweisen, dass er zu Recht niemals daran gezweifelt hat, sein uneingeschränktes Vertrauen in Sie setzen zu können.

Leider ist es traurige Realität, dass Hunde nicht so lange leben wie Menschen. Ihr Schicksal ist es, nur Abschnitte unseres Lebens mit uns teilen zu können und nicht den ganzen Weg mit uns zu gehen. Die Teile des Weges aber, die Sie mit Ihrem Collie zurückgelegt haben, werden aber mit Sicherheit zu denen gehören, die Sie nicht vergessen werden. Ganz gleich, ob seine Energie Sie manchmal zur Erschöpfung brachte, seine Treue und Bereitschaft zum Staunen, seine Intelligenz Sie verblüffte oder er Sie zur Verzweiflung brachte, weil er im Galopp über die Hügel verschwand - ein Leben mit Collies ist niemals langweilig. Nicht für einen einzigen Moment!

Die besten Collies überhaupt gehören meistens Menschen, die sie mit allen ihren Stärken und Schwächen akzeptieren und sie so lieben und schätzen, wie sie sind. Wenn Sie herausgefunden haben, dass Ihr Collie ein einzigartiger und sehr spezieller Hund ist, können Sie das auf seine guten Erbanlagen zurückführen. Oder ganz einfach darauf, dass Sie sich gut genug um ihn gekümmert und sich bemüht haben, um ihn zu dem zu machen, was er ist.

SERVICE-TEIL

I. Wichtige Adressen

DEUTSCHLAND:

Verband für das deutsche Hundewesen (VDH) e.V.
Westfalendamm 174
44141 Dortmund
Telefon: +49 231 5 65 00-0
Telefax: +49 231 59 24 40
Internet: www.vdh.de
Dachorgansiation der Hundezucht in Deutschland

Club für britische Hütehunde e.V.
Geschäftsstelle
Christiana Merten
Lisztstr. 9
99610 Sömmerda
Tel. 03634/60 04 54
Internet: www.cfbrh.de
Betreut Border Collies als Rassezuchtverband innerhalb des VDH, auch Welpenvermittlung

Arbeitsgemeinschaft Border Collie Deutschland e.V.
1. Vorsitzende Sandra Bremicker
Hardtstr. 22
46414 Rheda
Internet: www.abcdev.de
Setzt sich für den Erhalt des Border Collies als Hütehund ein, Ausrichtung von Hütewettbewerben, Vermittlung von Hunden etc.

Internetforum
www.collie.de
Ausführliches deutschsprachiges Internetforum mit zahlreichen Kontakt- und Informationsmöglichkeiten

ÖSTERREICH:

Österreichischer Club für britische Hütehunde e.V.
Geschäftsstelle
Margit Brenner
Donaufelderstr. 215
A · 1220 Wien,
Tel./Fax: 01/203 47 62, Mobiltelefon 0676 / 593 12 94
www.huetehunde.at
Betreut den Border Collie in Österreich als Rassezuchtverband innerhalb des ÖKV (Österreichischer Kynologenverband)

SCHWEIZ:

Border Collie Club Schweiz
- Welpenvermittlung -
Erika Sommer
Bächlern
CH · 3537 Eggiwil
Tel: 034 491 21 09
www.border-collie-club.ch
Betreut den Border Collie in der Schweiz als Rassezuchtverband innerhalb der SKG (Schweizer Kynologische Gesellschaft)

INTERNATIONAL:

International Sheep Dog Society (ISDS)
Clifton House
4a Goldington Road
Bedford MK40 3NF
ENGLAND
Tel. +44 (0) 1234 352672
Internet: www.isds.org.uk
Setzt sich für den Erhalt des Border Collies als Hütehund ein

II. Literaturempfehlungen

Bücher zum Border Collie allgemein:

Müller, Dr. Hans Alfred: Unser Hund – Der Border Collie. Kynos Verlag, Nerdlen.

Hornsby, Alison: Das große Border Collie Buch. Kynos Verlag, Nerdlen.

Bücher zur Hütearbeit mit Border Collies:

Krüger, Faszination Border Collie. Die Ausbildung der Arbeitshunde am Vieh. Kynos Verlag, Nerdlen.

Bücher zu Erziehung und Verhalten:

McConnell, Patricia B.: Das andere Ende der Leine. Was unseren Umgang mit Hunden bestimmt. Kynos Verlag, Nerdlen.

McConnell, Patricia B.: Liebst du mich auch? Die Gefühlswelt bei Hund und Mensch. Kynos Verlag, Nerdlen.

McConnell, Patricia B.: Die Hundegrundschule. Ein Sechs-Wochen-Lernprogramm. Kynos Verlag, Nerdlen.

Yin, Sophia: Wie der Mensch, so sein Hund. Erziehungsprogramm für Hundehalter. Kynos Verlag, Nerdlen.

Bücher zu Beschäftigungsmöglichkeiten mit dem Border Collie:

Holden u. Gilbert: Agility – Schritt für Schritt. Reihe Kynos Spiel und Sport. Kynos Verlag, Nerdlen.

Ahlers, Thomas: Flyball. Reihe Kynos Spiel und Sport. Kynos Verlag, Nerdlen.

Theby, Viviane u. Hares, Michaela: ... darf ich bitten? Mein Hund als Tanzpartner. Reihe Kynos Spiel und Sport.
Kynos Verlag, Nerdlen.

Theby, Viviane u. Hares, Michaela: Das große Schnüffelbuch. Nasenspiele für Hunde.
Kynos Verlag, Nerdlen.

Theby, Viviane: Die Hunde-Uni. Schlaue Aufgaben für schlaue Hunde, Kynos Verlag, Nerdlen.

Bücher zu Verhaltensproblemen:

Wilde, Nicole: Der ängstliche Hund. Stress, Unsicherheit und Angst wirkungsvoll begegnen. Kynos Verlag, Nerdlen.